Practice Standard for
SCHEDULING
Third Edition

进度管理实践标准
（第3版）

[美] Project Management Institute 著

电子工业出版社
Publishing House of Electronics Industry
北京·BEIJING

Practice Standard for Scheduling, Third Edition

ISBN: 978-1-62825-561-4 © 2019 Project Management Institute, Inc. All rights reserved.

《进度管理实践标准》(第 3 版) © 2022 Project Management Institute, Inc. All rights reserved.

《进度管理实践标准》(第 3 版)是 *Practice Standard for Scheduling, Third Edition* 的中文简体字翻译版,由 Project Management Institute, Inc.(PMI)授权翻译、出版、发行。未经许可,严禁复印。

致读者

《进度管理实践标准》(第 3 版)是 *Practice Standard for Scheduling, Third Edition* 的中文简体字翻译版,*Practice Standard for Scheduling, Third Edition* 由 PMI 出版于美国并受美国以及国际上现行的版权法保护。电子工业出版社已得到 PMI 的授权在中国大陆出版发行《进度管理实践标准》(第 3 版)。《进度管理实践标准》(第 3 版)中的文字和图的局部或全部,严禁擅自复制。购买《进度管理实践标准》(第 3 版)的读者被自动视为接受《进度管理实践标准》(第 3 版)所包含的文、图、信息。PMI 不对《进度管理实践标准》(第 3 版)的准确性进行担保。若使用《进度管理实践标准》(第 3 版)的信息,读者自行承担此类使用的风险,PMI、电子工业出版社及其董事会、附属公司、继承人、雇员、代理人、代表等均不对此类使用行为造成的侵害进行赔偿。

Notice to Readers

This publication is a translation of the English Language publication, *Practice Standard for Scheduling, Third Edition*, which is published in the United States of America by the Project Management Institute, Inc. (PMI) and is protected by all applicable copyright laws in the United States and Internationally. This publication includes the text of *Practice Standard for Scheduling, Third Edition* in its entirety, and Publishing House of Electronics Industry (PHEI), with the permission of PMI, has reproduced it. Any unauthorized reproduction of this material is strictly prohibited. All such information, content and related graphics, which are provided herein are being provided to the reader in an "as is" condition. Further, PMI makes no warranty, guarantee or representation, implied or expressed, as to the accuracy or content of the translation. Anyone using the information contained in this translation does so at his/her own risk and shall be deemed to indemnify PMI, or Publishing House of Electronics Industry (PHEI), their boards, affiliates, successors, employees, agents, representatives, and members from any and all injury of any kind arising from such use.

商标提示

"PMI"、PMI 的标志、"PMP"、"CAPM"、"PMBOK"、"OPM3"和 Quarter Globe Design 是 PMI 的商标或注册商标,已在美国等国家注册。欲知更多有关 PMI 的商标,请联系 PMI 的法律部门。

Trademark Notice

"PMI", the PMI logo, "PMP", "CAPM", "PMBOK", "OPM3" and the Quarter Globe Design are marks or registered marks of the Project Management Institute, Inc. in the United States and other nations. For a comprehensive list of PMI marks, contact the PMI Legal Department.

图书在版编目(CIP)数据

进度管理实践标准:第 3 版 / 美国项目管理协会著;骆庆中,薛蓓燕译. —北京:电子工业出版社,2022.10
书名原文:Practice Standard for Scheduling, Third Edition
ISBN 978-7-121-44348-0

Ⅰ. ①进… Ⅱ. ①美… ②骆… ③薛… Ⅲ. ①项目管理 Ⅳ. ①F224.5

中国版本图书馆 CIP 数据核字(2022)第 176794 号

责任编辑:卢小雷
印　　刷:三河市鑫金马印装有限公司
装　　订:三河市鑫金马印装有限公司
出版发行:电子工业出版社
　　　　　北京市海淀区万寿路 173 信箱　邮编 100036
开　　本:880×1230　1/16　印张:13.25　字数:277 千字
版　　次:2016 年 5 月第 1 版
　　　　　2022 年 10 月第 3 版
印　　次:2022 年 10 月第 1 次印刷
定　　价:108.00 元

凡所购买电子工业出版社图书有缺损问题,请向购买书店调换。若书店售缺,请与本社发行部联系,联系及邮购电话:(010)88254888,88258888。
质量投诉请发邮件至 zlts@phei.com.cn,盗版侵权举报请发邮件至 dbqq@phei.com.cn。
本书咨询联系方式:(010)88254199,sjb@phei.com.cn。

声明

作为项目管理协会（PMI）的标准和指南，本标准是通过相关人员的自愿参与并遵循协商一致的标准开发过程编写的。在编写过程中，我们汇集了一大批志愿者，并广泛征集了对本标准感兴趣的人士的观点。PMI 管理编写过程并制定规则，以保证协商的公平性，但没有直接参与写作，也没有独立测试、评估或核实本标准所含任何信息的准确性、完整性及任何判断的可靠性。

因本标准或对本标准的应用或依赖而直接或间接造成的任何人身伤害、财产或其他损失，PMI 不承担任何责任，无论是特殊、间接、因果责任，还是补偿性责任。PMI 不明示或暗示地保证或担保本标准所含信息的准确性与完整性，也不保证本标准所含信息能满足你的特殊目的或需要。PMI 不为任何使用本标准或指南的制造商或供应商的产品或服务提供担保。

PMI 出版和发行本标准，既不代表向任何个人或团体提供专业或其他服务，也不为任何个人或团体履行对他人的任何义务。在处理任何具体情况时，本标准的使用者都应依据自身的独立判断，或者在必要时向资深专业人士寻求建议。与本标准议题相关的信息或标准也可以从其他途径获得。读者可以从这些途径获取本标准未包含的观点或信息。

PMI 无权也不会监督或强迫他人遵循本标准内容，不会出于安全或健康目的对产品、设计或安装进行认证、测试或检查。在本标准中，关于符合健康或安全要求的任何证明或声明，都不是 PMI 做出的，而应由认证者或声明者承担全部责任。

目录

第1章 引论 1
    1.1 项目进度管理 2
    1.2 为什么要进行进度管理 3
    1.3 概述 5
    1.4 目的 7
    1.5 适用范围 7

第2章 进度模型的原理和概念 9
    2.1 概述 9
    2.2 项目生命周期和进度计划编制方法 10
        2.2.1 关键路径法 14
        2.2.2 关键链法 18
        2.2.3 适应型生命周期 21
        2.2.4 滚动式规划 23
        2.2.5 其他方法和发展趋势 25
    2.3 进度计划编制工具 28
    2.4 进度模型 29
    2.5 进度模型实例和进度视图 30
    2.6 敏捷 31
        2.6.1 进度跟踪和进度视图 38

第3章 进度模型良好实践概述 45
    3.1 进度模型管理 45
        3.1.1 进度数据管理计划 46

  3.1.2 进度管理计划 47
 3.2 进度模型创建 53
  3.2.1 制定进度模型基准 55
 3.3 进度模型维护 67
  3.3.1 收集实际状态和剩余工作或工作持续时间的信息 67
  3.3.2 根据实际情况更新进度模型 68
  3.3.3 对比或解决任何偏差 68
  3.3.4 根据批准的变更更新进度模型 69
  3.3.5 更新基准进度模型 69
  3.3.6 沟通 69
  3.3.7 维护记录 70
  3.3.8 变更控制 70
 3.4 进度模型分析 71
  3.4.1 关键路径和关键活动 71
  3.4.2 总浮动时间和自由浮动时间 72
  3.4.3 估算活动持续时间 74
  3.4.4 日期约束 76
  3.4.5 开口活动 77
  3.4.6 失序逻辑 79
  3.4.7 提前量和滞后量 81
  3.4.8 开始—完成关系 82
  3.4.9 与汇总活动的双向链接 83
  3.4.10 进度资源分析 83
  3.4.11 进度风险评估 83
  3.4.12 挣得进度 85
 3.5 沟通和报告 88

第 4 章 进度模型组件 93
 4.1 如何使用组件清单 94
  4.1.1 组件名 94
  4.1.2 必要的、有条件的或可选的 94
  4.1.3 手动或计算 94
  4.1.4 数据格式 95
  4.1.5 行为 95
  4.1.6 良好实践 95

	4.1.7 条件注释/相关组件	95
	4.1.8 定义	95
4.2	按类型排列的组件清单	96
4.3	详细的组件清单	98

第 5 章 一致性指数 137

5.1	一致性概述	137
	5.1.1 组件的类型	138
	5.1.2 组件的使用	138
	5.1.3 一致性评估	139
5.2	一致性评估过程	140

附录 A 《进度管理实践标准》(第 3 版) 修订的内容 143

附录 B 《进度管理实践标准》(第 3 版) 的贡献者和审阅者 145

B.1	核心委员会	145
B.2	审阅者	146
	B.2.1 SME 审阅者	146
	B.2.2 征求意见稿的审阅者和贡献者	146
B.3	顾问小组（MAG）	148
B.4	协调机构成员	148
B.5	工作人员	149
B.6	中文版翻译贡献者	149

附录 C 一致性评估评分表 151

附录 D 一致性评估工作表 158

附录 E 论证性进度分析 164

参考书目 168

术语表 170

索引 194

图表目录

图 1-1　进度模型的创建和使用 6

图 2-1　生命周期连续统一体 10

图 2-2　预测型流程图示例 11

图 2-3　迭代型流程图示例 11

图 2-4　增量型流程图示例 11

图 2-5　适应型流程图示例 12

图 2-6　混合型（适应型和预测型）流程图示例 13

图 2-7　创建进度模型的概要步骤 15

图 2-8　与《PMBOK®指南》相关知识领域匹配的进度模型流程 16

图 2-9　网络图示例 18

图 2-10　接驳缓冲 20

图 2-11　项目缓冲 21

图 2-12　不确定性模型 22

图 2-13　敏捷方法举例 23

图 2-14　滚动式规划示例——规划包 1 已被分解 24

图 2-15　滚动式规划示例——规划包 2 已被分解 24

图 2-16　基于位置的进度计划示例 25

图 2-17	进度模型实例和进度视图	30
图 2-18	多个迭代或 Sprints 示例	32
图 2-19	典型的适应型项目生命周期	33
图 2-20	Sprint（迭代）规划会议的结果示例	34
图 2-21	Scrum 板	35
图 2-22	看板	36
图 2-23	需求之间依赖关系示例	37
图 2-24	典型的计划工作燃尽图	38
图 2-25	剩余工作的燃尽图	39
图 2-26	迭代顺利推进的燃尽图	40
图 2-27	未能达成目标的燃尽图	40
图 2-28	剩余工作的燃尽图	41
图 2-29	目标达成的燃尽图	41
图 2-30	燃起图示例	42
图 2-31	产品愿景、发布计划和迭代计划之间的关系	43
图 3-1	汇总活动	57
图 3-2	支持型活动	58
图 3-3	悬空活动	58
图 3-4	关键路径法中的关系类型示意	60
图 3-5	必要的活动关系	61
图 3-6	总浮动时间和自由浮动时间	73
图 3-7	PERT 活动持续时间估算的紧前关系图示例	75
图 3-8	活动标准差示例	76
图 3-9	因工作疏忽导致的开口活动的示例	78
图 3-10	假性开口活动示例	79
图 3-11	失序逻辑示例	80

图 3-12　当前进度覆盖和保留初始逻辑 81

图 3-13　提前量和滞后量 82

图 3-14　资源平衡 84

图 3-15　单个活动的活动持续时间概率分布示例 85

图 3-16　ES、PV 和 EV 之间的关系 86

图 3-17　挣得进度报告 87

图 3-18　项目进度视图示例 91

图 D-1　基本评估工作表示例 159

图 D-2　有资源需求的评估工作表示例 160

图 D-3　有资源、EVM 和风险管理需求的评估工作表示例 161

图 D-4　有资源和风险管理需求的评估工作表示例 162

图 D-5　没有得分的评估工作表示例 163

表 3-1　挣得进度方法中使用的计算公式 88

表 3-2　不同级别的进度视图 90

表 4-1　按类型排列的组件清单 97

表 5-1　分类组件数 140

表 C-1　一致性评估评分表示例 152

第1章

引论

《进度管理实践标准》(第3版)提供了在项目环境中创建、管理和维护进度计划的框架。本实践标准包含5章。每章都为本实践标准提供了更多更深入的内容:

第1章——引论。 本章初步介绍项目进度管理及其优点,简要描述了项目进度模型的开发和使用。

第2章——进度模型的原理和概念。 本章提供了有关在预测型、适应型或混合型项目周期环境中开发和使用进度模型的原理与概念的指导及信息。

第3章——进度模型良好实践概述。 本章提供了有效使用基于关键路径法(CPM)的进度模型方法的指导和信息,该方法已在规划、开发、维护、沟通和报告等过程中被广泛接受为良好实践。

第4章——进度模型组件。 本章提供了 CPM 进度编制工具的潜在组件的详细目录。

第5章——一致性指数。 本章概述了一致性指数过程,为评估基于 CPM 的进度模型如何整合本实践标准所描述的组件、规则、定义、行为和良好实践提供了方法。

本实践标准的附录部分包括:

附录 A——《进度管理实践标准》(第3版)修订的内容。

附录 B——《进度管理实践标准》(第3版)的贡献者和审阅者。

附录 C—— 一致性评估评分表。

附录 D—— 一致性评估工作表。

附录 E—— 论证性进度分析。

本实践标准包括适应型方法，如敏捷（见 2.2.3 节和 2.6 节）。但是，本实践标准的大部分内容（除非另有说明）描述了传统方法（预测型）的项目，并基于 CPM 进行项目进度管理。关于敏捷的更多信息可以参阅《敏捷实践指南》[1]。

第 1 章对本实践标准的内容进行了概述，分为以下几个部分：

1.1 项目进度管理

1.2 为什么要进行进度管理

1.3 概述

1.4 目的

1.5 适用范围

1.1 项目进度管理

项目进度管理，是通过综合运用从知识、正式或非正式培训和经验中获得的所有技能、工具、技术、直觉，来确保开发有效的进度模型的过程。项目进度模型合理地组织并整合各种项目的组成部分（如活动、资源和逻辑关系），以优化项目管理团队可用的信息，并增加在批准的进度基准内成功完成项目的概率。关键的项目进度模型术语定义如下。

- **里程碑**。《PMI 项目管理术语词典》[2]将里程碑定义为：项目组合、项目集或项目中的重要时点或事件。就本实践标准而言，里程碑是项目中的一个重要时点或事件，其持续时间为零。

- **活动**。《PMI 项目管理术语词典》将活动定义为：在项目过程中执行的独特的预定工作部分。就本实践标准而言，活动是在项目过程中执行的、持续时间大于零的、唯一且独特的预定工作部分。

- **资源**。完成规定工作所需的人力资源（特指单人、一组人或一个团队且具备相应技能）、设备、服务、用品、商品、材料、预算或资金等。

- **逻辑关系**。两个活动之间或活动与里程碑之间的依赖关系。

---

1 括号内的数字与本实践标准后面的参考书目序号相对应。

本标准对进度编制工具、进度模型、进度模型实例和进度视图进行了定义。这些定义描述如下：

- **进度编制工具**。为进度组件提供名称、定义、结构关系、格式和算法的工具，用于支持进度建模方法的进度计算。

- **进度模型**。通过展示执行项目活动的信息，包括活动的持续时间、依赖关系和其他相关的信息，可以生成项目进度计划及其他相关工件。进度模型是动态的，根据关键干系人提供的信息，由项目团队进行开发和维护。它使用项目的特定数据，在进度编制工具中选择目标进度编制方法进行编制。可以通过进度编制工具对进度模型进行处理，从而得到不同的进度模型实例。

- **进度模型实例**。进度模型的一个版本，由进度编制工具根据工具中项目特定数据的输入和调整进行处理。进度编制程序将进度模型实例保存，以作为项目的记录和参考，包括数据日期、版本（基于一个完整的更新周期）、目标进度模型和基准进度模型。这些实例可以生成各种进度视图。把不同的进度模型实例结合在一起使用，可以生成进度报告并进行进度分析，如偏差分析和风险分析。

- **进度视图**。从进度模型实例输出的视图，可用于沟通项目的特定数据，从而进行项目报告、分析和决策。进度视图可能包括横道图、关键路径、次关键路径、资源日历、活动分配、（进度）基准、已完成工作记录、风险/问题等。进度视图还可以提供基于时间的预测，并识别整个项目生命周期中的绩效偏差。

1.2 为什么要进行进度管理

项目是复杂的、临时的且劳心费力的工作。然而，包含逻辑相关工作的详细进度模型允许将项目简化为可管理的阶段或活动组。这些阶段或活动组允许管理层在项目范围、成本和进度之间进行权衡。在进度模型中记录这些活动和里程碑的进度时，就等于报告和监控了项目绩效。随着项目进度的记录，需要重新评估已批准的项目基准中所定义的剩余工作。项目的执行通常与初始计划和项目基准不同。在典型的项目环境中，由于计划不完整或不充分、项目范围进一步分解、发生重大项目变更、组织变化、环境变化，有必要对进度模型进行优化。这种迭代演化需要预测、识别和解决那些可能影响项目绩效的因素与问题。

项目成功的关键是，运用知识和经验编制可信的项目管理计划。项目管理计划以最佳方式将成本、资源、范围和基于时间的绩效与项目团队按照计划执行项目的承诺进行平衡。进度计划是项目计划和分析的基本要求之一。进度模型一旦完成，将成为一种有效的规划工具，可用于：（1）参与优化未来行动的沟通；（2）协助积极协作；（3）创建项目绩效管理系统。

进度计划提供了详细信息，表明了被分配的项目资源将由谁在何地、何时，以何种方式交付项目范围中定义的产品、服务和成果。详细进度计划是管理要执行的活动、沟通和干系人期望的工具。它还可作为绩效报告的基础。项目经理和项目团队一同使用项目进度（进度基准和实际进度），并将其作为规划、执行和监控所有基于项目的进展的主要工具。进度模型用于跟踪、预测和监控整个生命周期内的项目绩效。

项目执行具有动态性，最好通过一个工具来管理，该工具允许对项目进度、项目的内部和外部依赖性进行建模，并根据进度和风险事件的影响进行分析。"模型"的概念要求进度模型对输入（如进度更新、渐进明细、范围定义变更等）做出反应，因为项目团队期望项目会根据这些输入信息继续进行。以下是进度模型如何支持项目的示例：

- 根据所需活动划分时间阶段。
- 限制项目组合、项目集、项目或过程的约束条件。
- 规划项目资源。
- 以最有效的方式调动已计划的资源。
- 协调项目内及项目间的活动。
- 向干系人直观展示这些进度问题。
- 早期发现风险、问题、威胁或机遇。
- 按计划执行以实现项目目标。
- 假设情景分析与偏差分析。
- 规划项目成本。
- 项目完工估算预测和完工尚需估算预测。

1.3 概述

本实践标准描述了进度模型组件（见第 4 章）和普遍公认的进度管理过程的良好实践。普遍公认的意思是，本实践标准所描述的知识和实践在大多数情况下适用于大部分项目。此外，人们对这些知识和实践的价值及有用性达成了共识。良好实践意味着人们普遍认为，这些技能、工具和技术的应用可以提高大部分项目的成功概率。良好实践并不意味着所描述的知识总是被一成不变地应用于所有项目，而意味着由项目团队负责确定哪些适用于当前给定的项目环境。只有正确使用组件及其实践，才能得到一个可以用于规划、执行、监控和收尾的进度模型，以及可以向干系人交付的项目范围。尽管还包括其他进度方法和生命周期，但本实践标准主要描述了基于 CPM 的传统（预测）进度方法。

创建进度模型从选择进度管理方法和进度管理工具起步。接着，从工作分解结构（WBS）开始，将项目特有的数据输入进度管理工具，创建独一无二的项目进度模型。进度模型实例是从进度模型捕获的快照。进度管理根据项目特定的数据，用这些进度模型实例生成各种可视化视图。请查看图 1-1 来更好地理解创建进度模型中各个概念和术语的相互关系。该过程可以获得一个用于项目执行、监督和控制的进度模型，从而对项目进展和变更做出可预测的应对。进度模型还被用于使沟通朝积极优化未来行动的方向发展。进度管理应定期更新进度模型，以反映项目的进展和变更，如范围、持续时间、里程碑、已分配的资源、生产率、完成方式、偏差、风险评估和进度管理逻辑。

本实践标准还提供了一种评估方法，可用于判断进度模型是否符合本实践标准。一致性指数（见第 5 章）被用来判断进度模型中使用了哪些组件及如何使用这些组件。一个进度模型若想获得可接受的一致性指数评分，至少应包含第 4 章和附录 C 中所述的所有必要组件。选择适当的进度管理软件工具，可获得创建进度模型所需的必要组件。本实践标准的使用结合了经验、技能和组织成熟度，可为正确应用组件提供适当的指导。

本实践标准中包含的组件与项目的规模或复杂性无必然关系。本实践标准假设所有项目进度模型都需要具有必要组件、基本行为和良好实践。项目的规模和复杂性只会影响必要组件的规模和重复出现的次数。《PMBOK®指南》[3]提供了处理有关项目规模和复杂性相关因素的过程。此外，普遍公认的定义还假设了在不同行业的进度管理实践中，必要组件的使用没有显著差异。在本实践标准发布后，随着项目管理社区实践的发展，普遍公认的定义也将不断发展。也许，更多的组件会被添加至核心组件群，使良好实践变得更加客观。

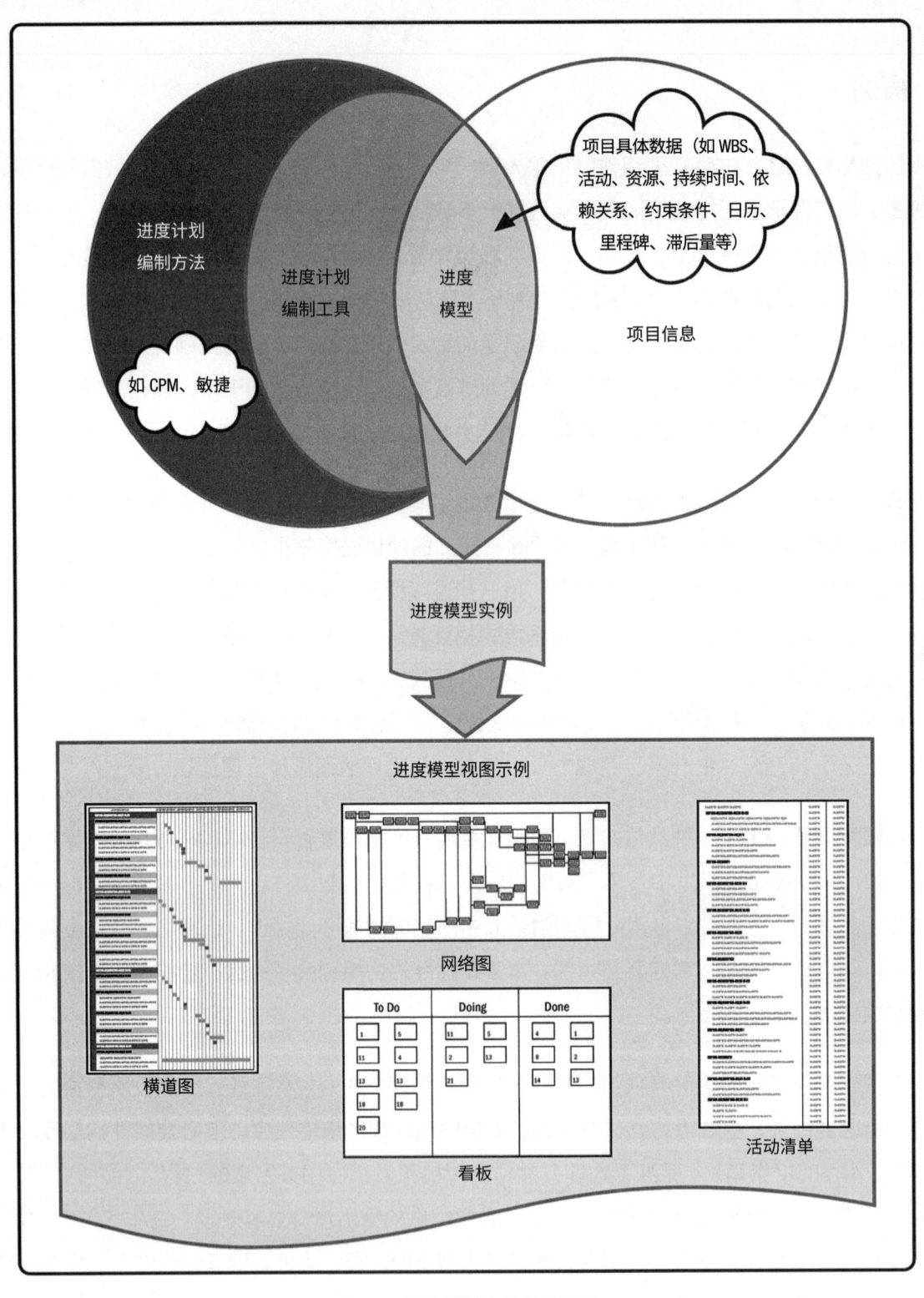

图1-1 进度模型的创建和使用

1.4 目的

本实践标准通过介绍有关创建和维护进度模型的知识，为项目进行有效进度管理提供标准和指南。本实践标准是《PMBOK®指南》第 6 章（项目进度管理）所包含内容的拓展。

本实践标准确立了一套核心的必要组件，以创建满足最低可接受成熟度水平的进度模型（见第 3 章），以及评估进度模型是否符合本实践标准的方法。

本实践标准的目标是，创建对其所代表的项目有价值的进度模型。

本实践标准并不旨在提供关于如何创建进度模型的全面指南。有关创建进度模型的综合说明，请参阅相关课程和教科书。

1.5 适用范围

本实践标准面向想要了解本实践标准所述项目进度管理基本原理的项目管理从业人员。就本实践标准而言，这些实践者将被称为进度管理专员。本实践标准侧重于预测型生命周期中使用的方法（特别是 CPM），但包括与适应型生命周期中使用的方法（特别是敏捷）相关的注意事项。

CPM 是最常见的项目进度管理方法，但自第 2 版的实践标准以来，尤其在软件开发中，敏捷等适应型生命周期方法的普及率显著提高。适应型生命周期中使用的方法虽然定义了一个计划，但承认一旦工作开始，优先级可能会改变，计划需要反映这一新信息。这些方法也适用于在竞争激烈的全球市场中遇到的高度不确定性和不可预测性的项目。

最后，本实践标准包括对项目进度管理方法的一些新兴实践的扩展考虑，如基于位置的进度管理。

本实践标准的前提是：(1) 读者对《PMBOK®指南》中定义的项目管理过程组和知识领域具有基本的工作认知；(2) 项目具有符合《工作分解结构实践标准》[4]中定义过程的 WBS；(3) 已经做了充分的规划。

随着进度管理的发展，相关的实践标准，如《敏捷实践指南》[1]、《挣值管理标准》[5]和《项目组合、项目集和项目风险管理标准》[6]也可以应用。

本实践标准仅适用于单个项目，不适用于项目组合或项目集。然而，由于项目组合和项目集是单个项目的集合，因此，这些结构中的任何单个进度模型都应基于本实践标准并根据本实践标准进行评估。

如果一个组织接受本实践标准中概述的原则和良好实践，并在整个组织内全面应用这些原则和良好实践，则可以确保在整个组织内为支持组织战略价值主张而创建的所有进度模型都是以一致的方式完成的。

第 2 章

进度模型的原理和概念

本章提供了有关在预测型或适应型环境中创建和使用进度模型的原则及概念的指导与信息。本章分为以下几个部分：

2.1 概述

2.2 项目生命周期和进度计划编制方法

2.3 进度计划编制工具

2.4 进度模型

2.5 进度模型实例和进度视图

2.6 敏捷

2.2 节至 2.5 节的内容，将本章描述的过程与第 3 章描述的良好实践及第 4 章定义的进度组件联系起来。

2.1 概述

进度管理计划确定了用于创建进度模型的进度计划编制方法和进度计划编制工具。进度模型的创建应包括规划期间与项目进度工作相关的已定义过程。

进度管理是从项目规划开始，创建满足项目及其干系人需求的进度模型的过程。

2.2.1 节概述了进度模型的创建。2.2.3 节和 2.2.4 节列出了与适应型和其他新兴方法相关的进度模型原理和概念。

2.2 项目生命周期和进度计划编制方法

没有哪种生命周期方法适合所有项目或项目的所有部分。相反，每个项目生命周期都属于图 2-1 所示的连续统一体，这为其在不同的环境中提供了优化平衡。在生命周期的不同阶段，应使用不同的进度计划编制方法。

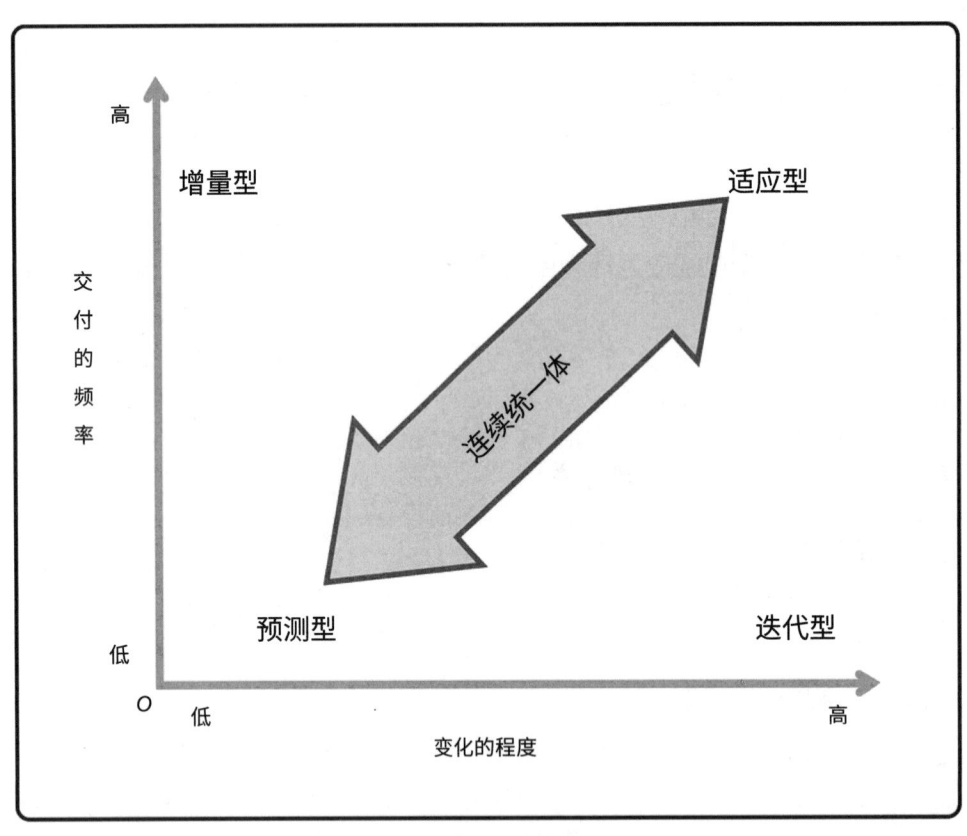

图 2-1 生命周期连续统一体

图 2-1 中提到的四种生命周期分别为：预测型生命周期、迭代型生命周期、增量型生命周期和适应型生命周期。

◆ **预测型生命周期。** 图 2-2 展示了一个典型的预测型流程图。该生命周期利用了已知并经验证的项目或产品，允许在项目执行之前进行主要规划。这减少了不确定性和复杂性，并允许团队将工作划分为一系列可预测的分组。CPM 就是一种预测型方法。

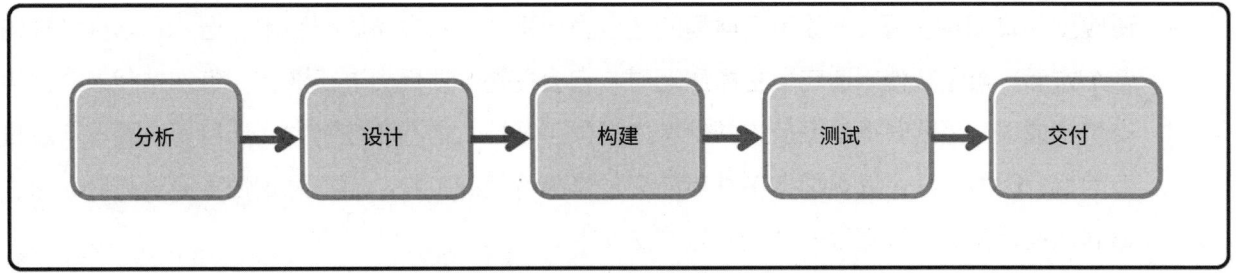

图 2-2　预测型流程图示例

◆ **迭代型生命周期。**图 2-3 为典型的迭代型流程图。该生命周期允许对部分完成或未完成的工作进行反馈，以改进和修改该工作。

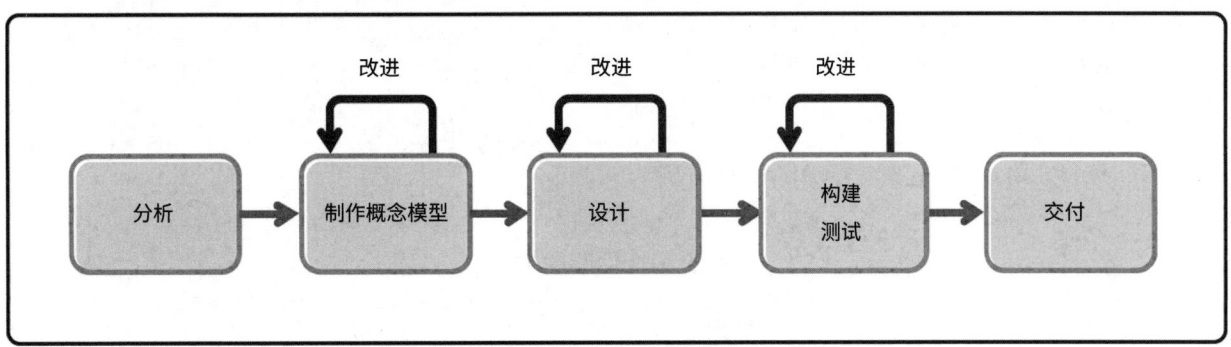

图 2-3　迭代型流程图示例

◆ **增量型生命周期。**图 2-4 展示了典型的增量型流程图。该生命周期提供客户可以立即使用的已完成可交付成果，为项目创造早期价值。

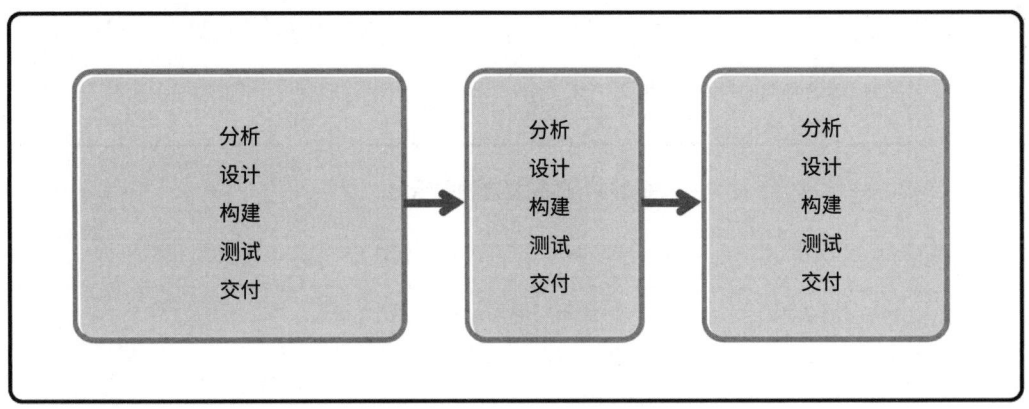

图 2-4　增量型流程图示例

第 2 章　进度模型的原理和概念　　11

◆ **适应型生命周期。**图 2-5 显示了典型的适应型流程图。该生命周期利用了迭代和增量特性的各个方面。当团队使用适应型生命周期时，它会在整个项目中进行迭代，每次迭代皆产出可交付的成果。团队获得早期反馈并给客户提供可视性、信心和控制力。项目可能更早产生投资回报，因为团队可以更早发布并首先交付最高价值的工作。当不确定性程度较高时，该生命周期运行良好。敏捷是一种适应型方法。

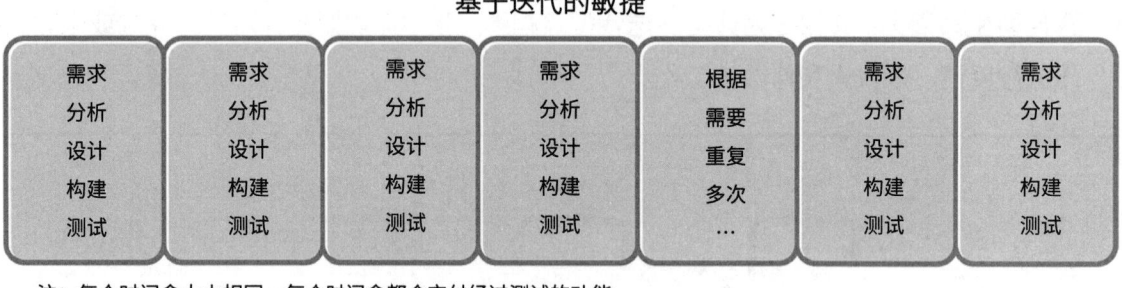

图 2-5 适应型流程图示例

◆ **混合型生命周期**。图 2-6 展示了典型的混合型流程图。没有必要对整个项目使用单个生命周期。为实现特定目标，项目通常需要结合不同生命周期的特点。可以在一个项目的各个不同阶段或部分，组合使用或混合使用预测型、迭代型、增量型和/或适应型生命周期方法。

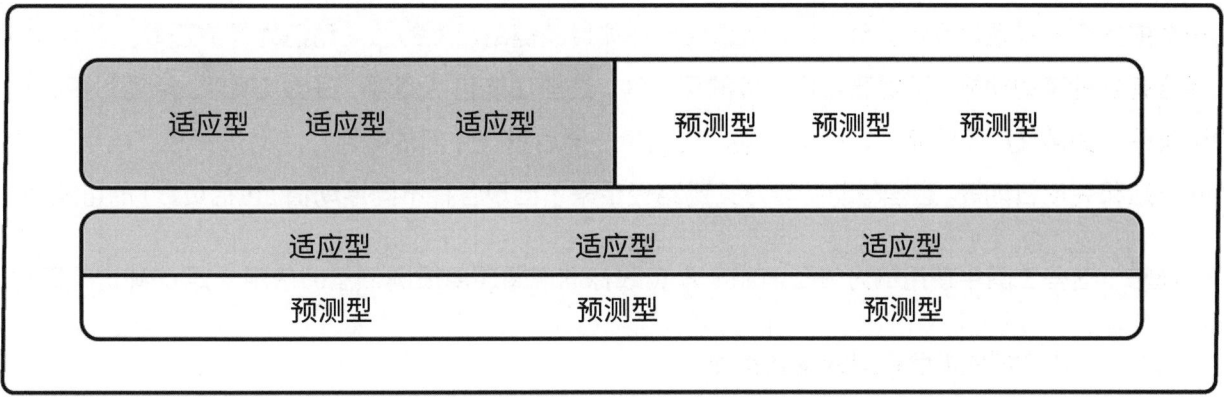

图 2-6　混合型（适应型和预测型）流程图示例

前面提到的生命周期的一个关键点是，每种类型都共享规划元素。一种类型与另一种类型的区别不在于是否进行了规划，而在于进行了多少规划以及何时进行规划。

进度计划编制方法为创建进度模型提供结构化的方法。大多数进度计划编制工具支持的最常见的进度计划编制方法是紧前关系绘图法（PDM）。PDM 是一种用于创建进度模型的方法，其中，活动由节点表示，并通过一个或多个逻辑关系以图形方式连接，以显示活动的执行顺序。通常把 CPM 等同于 PDM 使用。CPM 可以使用关键链、滚动式规划、计划评审技术（PERT）以及集成主计划（IMS）。活动和子项目之间的关键依赖关系需要包含在进度计划中。

创建进度模型的第一步是选择适当的方法。一些组织对特定的软件工具进行标准化，并定义组织的首选进度计划编制方法，成为应用标准。在这种情况下，通常已经做出了使用哪种进度计划编制方法的决策，因为它是工具中固有的，不需要再次做决策。由于 CPM（一种预测型方法）是最常用的方法，本实践标准将重点放在其上，并考虑与敏捷和其他新兴方法相关的因素。

2.2.1 关键路径法

CPM 是现代进度管理工具中流行的一种方法，有助于确定完成项目的最短时间。CPM 用于推导在确保不延迟项目结束日期的情况下哪些关键活动是不能延迟的。CPM 的一个基本原则是，每个活动都由一个或多个紧前活动驱动。纯 CPM 网络仅允许项目关键路径上的总浮动值为零或正数。现代 CPM 工具含有多种辅助功能，可提高项目进度的可行性。这些功能包括资源、日历（项目、活动和资源）、约束条件、关键性的不同定义、耗用时间、提前量、滞后量、外部依赖性、活动优先级，以及活动的实际开始和完成日期等。这些辅助功能为关键路径带来了出现各种不同浮动值（包括负数）的可能性。

通常，这些工具中使用的方法是 PDM。本实践标准遵循通用惯例，但仍使用术语 CPM 进行表述。

图 2-7 描述了创建进度模型的概要步骤。

在这个建模过程中，为了实现项目目标，需要对所有的项目活动和里程碑进行定义和排序。创建进度模型包括以下与《PMBOK®指南》中项目进度管理和项目资源管理知识领域相关的流程（见图 2-8）：

◆ 定义活动。

◆ 排列活动顺序。

◆ 估算活动资源。

◆ 估算活动持续时间。

◆ 制订进度计划。

由进度模型生成进度模型实例，从而创建进度视图（见图 2-7）。进度模型实例可以表示批准的进度基准、选定的目标或假设的进度模型。创建进度模型的结果会得到一个经批准的进度计划，供执行和监控过程组中的过程使用（请参阅《PMBOK®指南》）。进度模型对项目进度和变更做出可预测的、合乎逻辑的反馈。一旦创建并批准了进度基准，进度管理专员将根据进度管理计划更新进度模型，以支持项目的定期报告要求，并反映进展和变更。

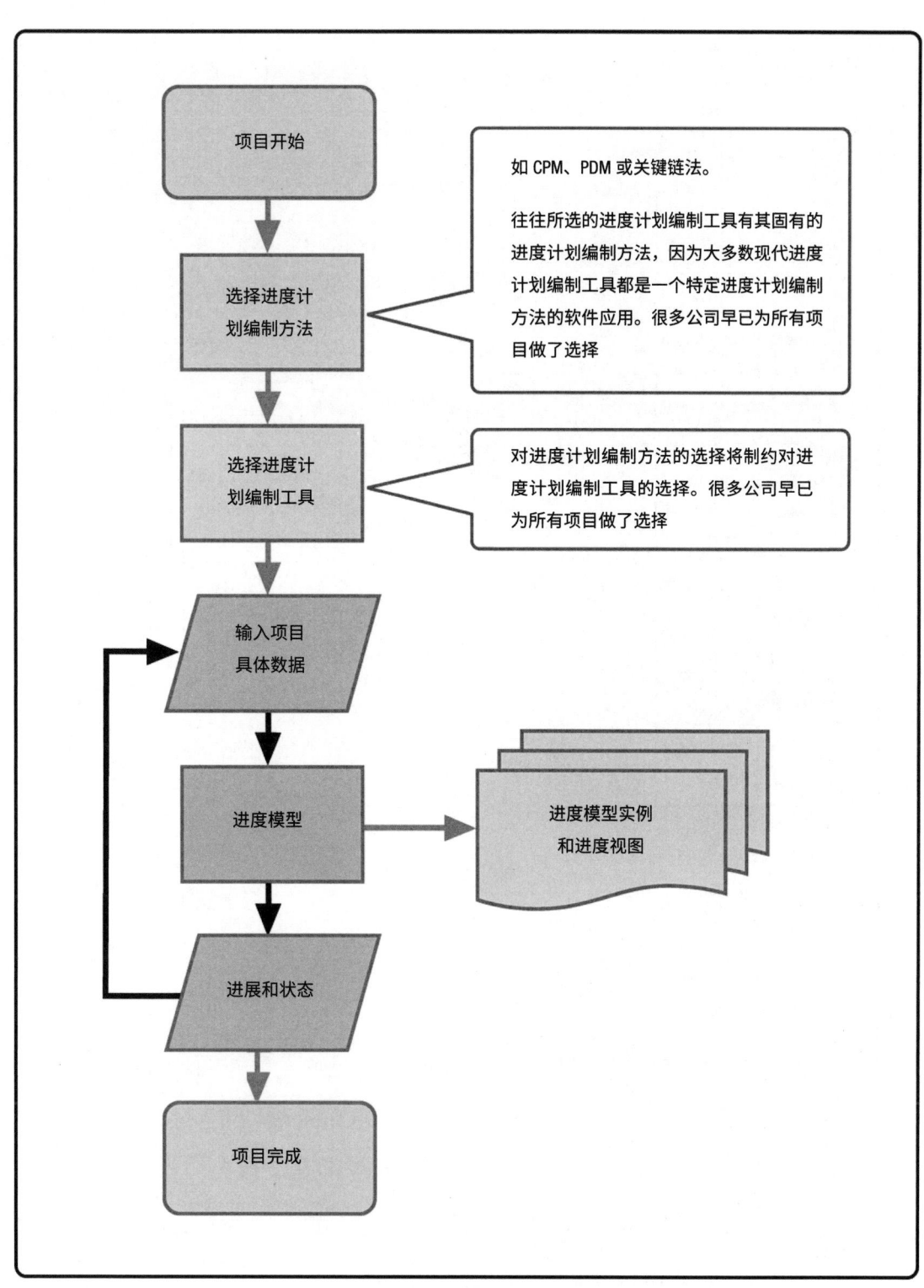

图 2-7 创建进度模型的概要步骤

第 2 章 进度模型的原理和概念

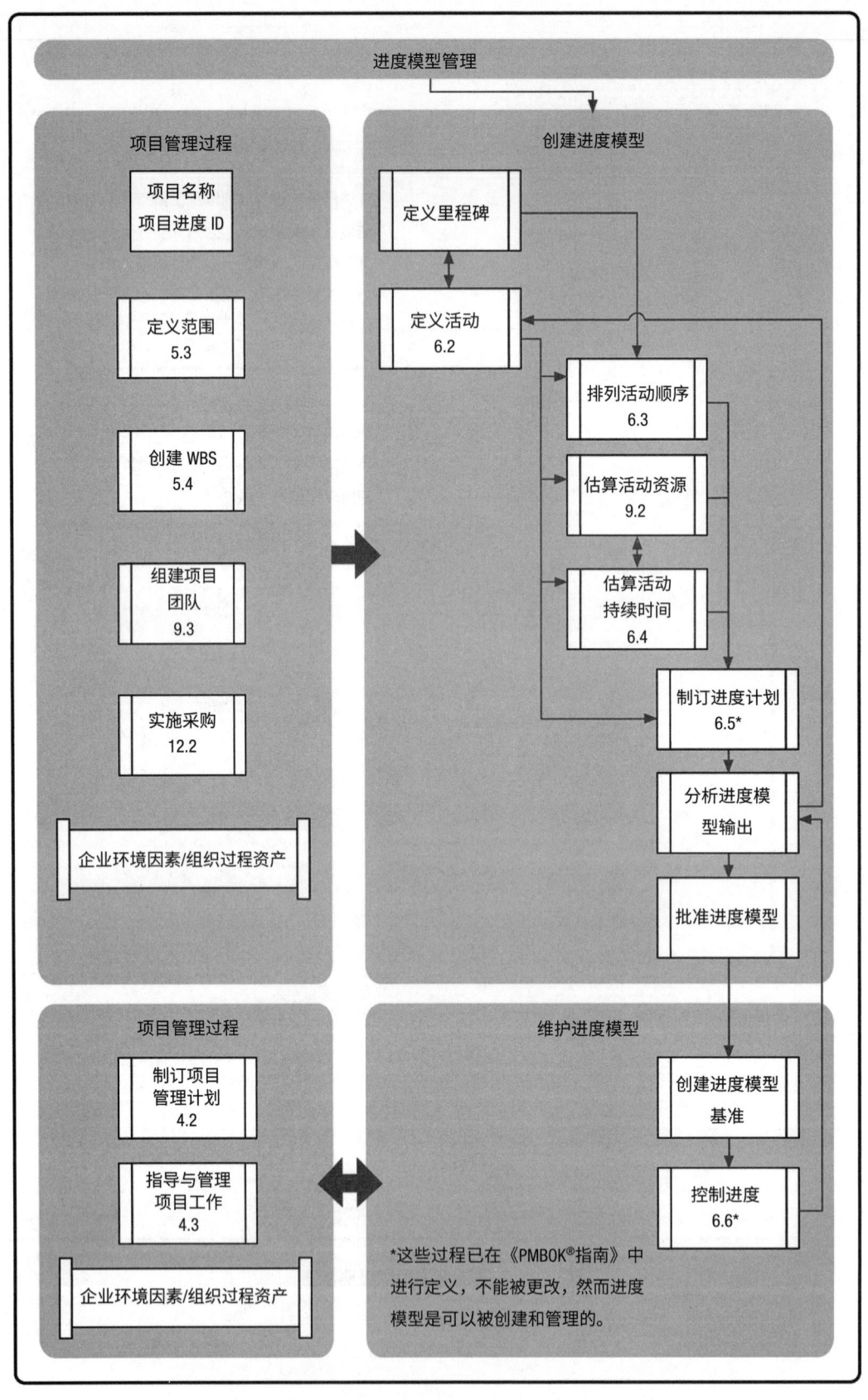

图 2-8 与《PMBOK®指南》相关知识领域匹配的进度模型流程

CPM 确定了项目的最短总工期和最早完工日期，还确定了进度模型中进度的灵活度（总浮动时间）。在应用 CPM 之前，需要先创建一个由项目活动组成的进度模型。根据具体的项目开始日期，顺推得到每个活动的最早开始日期和最早完成日期。再从项目的最早完成日期或具体的项目完成日期（项目约束条件）开始，倒推得到每个活动的最晚开始日期和最晚完成日期。

为了得到一条有意义的关键路径，有必要编制一个基于逻辑的活动网络图，以现实和可操作的方式为网络图上的活动估算持续时间。这些逻辑关系可以是物理性质的（对支持结构的需求、必要资源的到位等），也可以是执行计划中所需的顺序（从上到下、从内到外等）。在编制进度网络图时，可能会无意中创建一个循环，活动路径最终返回自身。在大多数情况下，进度计划编制工具将停止计算并报告检测到循环。进度计划中的开放端是指缺少紧前和/或紧后活动的活动，将在从项目开始到结束的进度逻辑中造成漏洞或缺口。唯一可接受的开放端是项目开始里程碑和项目完成里程碑。约束条件（包括提前量和滞后量）的使用应限于那些不能通过运用活动逻辑进行充分定义和建模的情况。

CPM 说明了项目活动从左到右（时间维度上）的关联关系，允许项目活动从项目开始里程碑流向项目完成里程碑。时间维度上活动之间的关系由箭头方向表示，需要满足逻辑关系。

在 CPM 中，一个活动可以从它的开始点或结束点与其他活动进行连接。这意味着允许从开始到结束的逻辑表达，而不需要进一步分解工作。CPM 图的另一个特点是使用提前量和滞后量组件。

网络图的示例如图 2-9 所示。

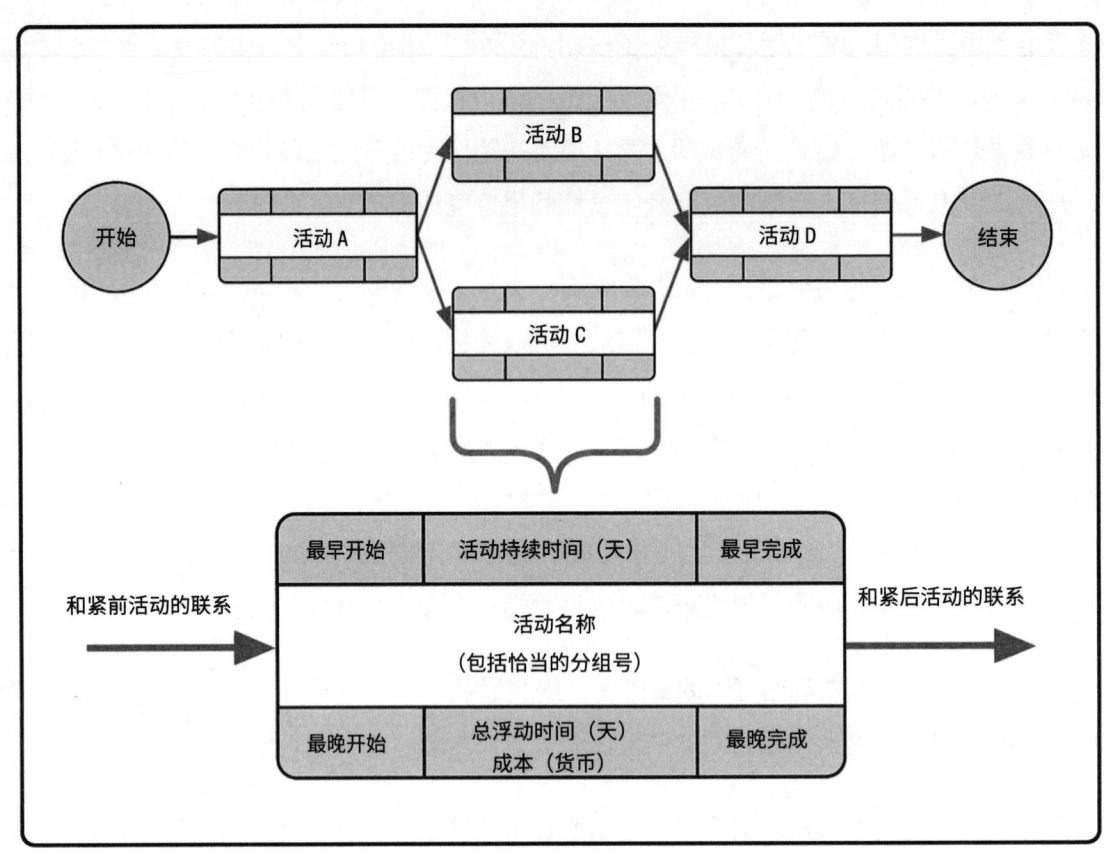

图 2-9 网络图示例

2.2.2 关键链法

关键链法注重项目进度模型中活动和资源的依赖关系。关键链有效地消除了大多数项目开始前的资源争夺，并使用缓冲区进行项目控制。它通过提高进度绩效减少了项目变更的可能，项目变更是项目成本超支的主要原因。它通过改变项目测量和控制系统及项目团队和支持人员的某些行为来实现这些结果。

资源可用性与活动能否在计划日期内被执行的能力往往存在竞争关系。因此，许多软件程序允许平衡资源负载（以使其不会负担过重），这可能会延长项目持续时间，以及活动的计划开始和完成日期。考虑到资源的可用性，生成的进度模型中可能包含一条资源受限的关键路径，它是关键链的出发点。关键链法是从 CPM 发展而来的，它考虑了资源分配、资源平衡和活动持续时间不确定性对 CPM 确定的关键路径的影响。

关键链法会产生一个激进（但不一定详细）的资源平衡的项目进度计划。关键链法的基本原则在于，在一个系统的活动进度网络中，几乎总有一个活动受到资源的约束或限制，从而影响整个活动网络的产能。项目结束日期被定义为关键链的结束，包括考虑项目风险、不确定性和延误的缓冲。在项目执行期间，当活动消耗的持续时间比关键链预测的持续时间长时，项目缓冲将被逐渐消耗。根据缓冲消耗的程度，项目团队可以采取必要的纠正措施；从"无须应对"到"计划应对"，再到"执行计划应对以恢复项目缓冲"。只要总的延误少于缓冲，对项目范围、持续时间和预算的影响就是有限的。这种方法被称为缓冲管理。

整个进度计划中最长的资源平衡的路径（包括缓冲）是关键链。关键链通常不同于 CPM 中的关键路径。关键链中的决定因素是缓冲活动、非多任务资源、资源平衡和缓冲管理。

关键链法从 CPM 进度模型开始，但在四个主要方面与 CPM 不同：

- ◆ 关键链法假设在项目执行期间未预见到的重大风险将在项目中出现，需要采取积极的行动。
- ◆ 在整个项目中，管理层的注意力始终集中在关键链和项目缓冲的消耗率上。
- ◆ 在计算项目持续时间和安排活动进度时，关键链法考虑了资源冲突的程度（基于约束理论）。
- ◆ 缓冲不在单个活动中分布和隐藏，而是在整体缓冲区中体现和汇总，从而减少项目的风险敞口。

从计划的活动持续时间中抽取缓冲时间，不会增加项目总持续时间。关键链法介绍了三种类型的缓冲：接驳缓冲、资源缓冲和项目缓冲。

◆ **接驳缓冲**。如图 2-10 所示，接驳缓冲是放在关键链和非关键链之间的缓冲。

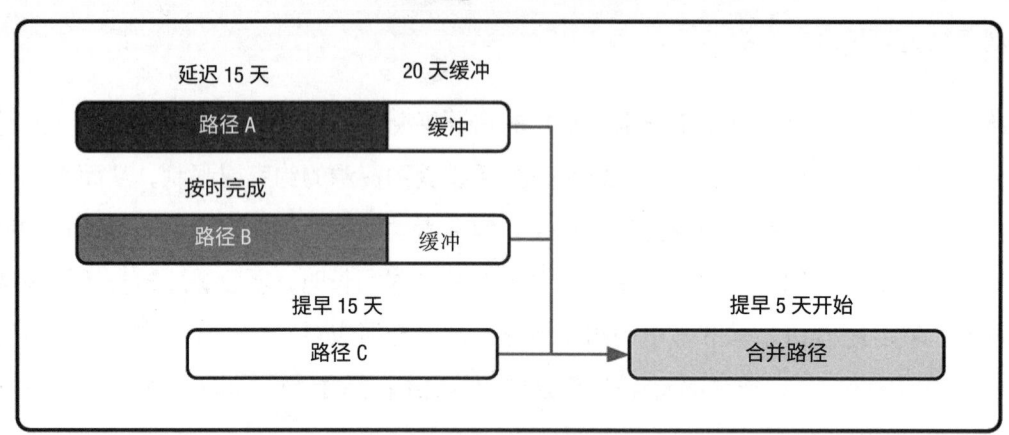

图 2-10　接驳缓冲

◆ **资源缓冲**。资源缓冲作为早期的预警信号，通过告知团队这些资源需求，确保项目资源在时间上的可用性。它们在关键链上进行设置，以确保资源在需要时可用于活动。与项目缓冲和接驳缓冲不同，资源缓冲不是添加到项目中的安全时间，它们不会更改项目的执行时间。

◆ **项目缓冲**。典型的项目缓冲如图 2-11 所示。项目缓冲是项目最后一个活动与最终交付日期或合同完工日期之间的时间。

缓冲可以通过计算确定，但主要通过使用拇指定律（经验法则）来定义（例如，活动持续时间的一半）。给每个活动链添加总的缓冲时间。通过：(1) 使用积极的方法来估算活动持续时间，以消除隐藏安全边际量的可能；(2) 将由此节省的进度时间汇总到项目缓冲中。项目缓冲可作为定量风险分析（如蒙特卡罗）产生的进度应急储备。与将缓冲时间分散到所有活动中不同，将整体缓冲时间集中在关键链的末端，仅在风险出现时使用（无论是什么导致的资源和持续时间的不确定性）。管理缓冲消耗率的效果类似于 CPM 中管理总浮动时间和自由浮动时间，但通常更有效和高效。

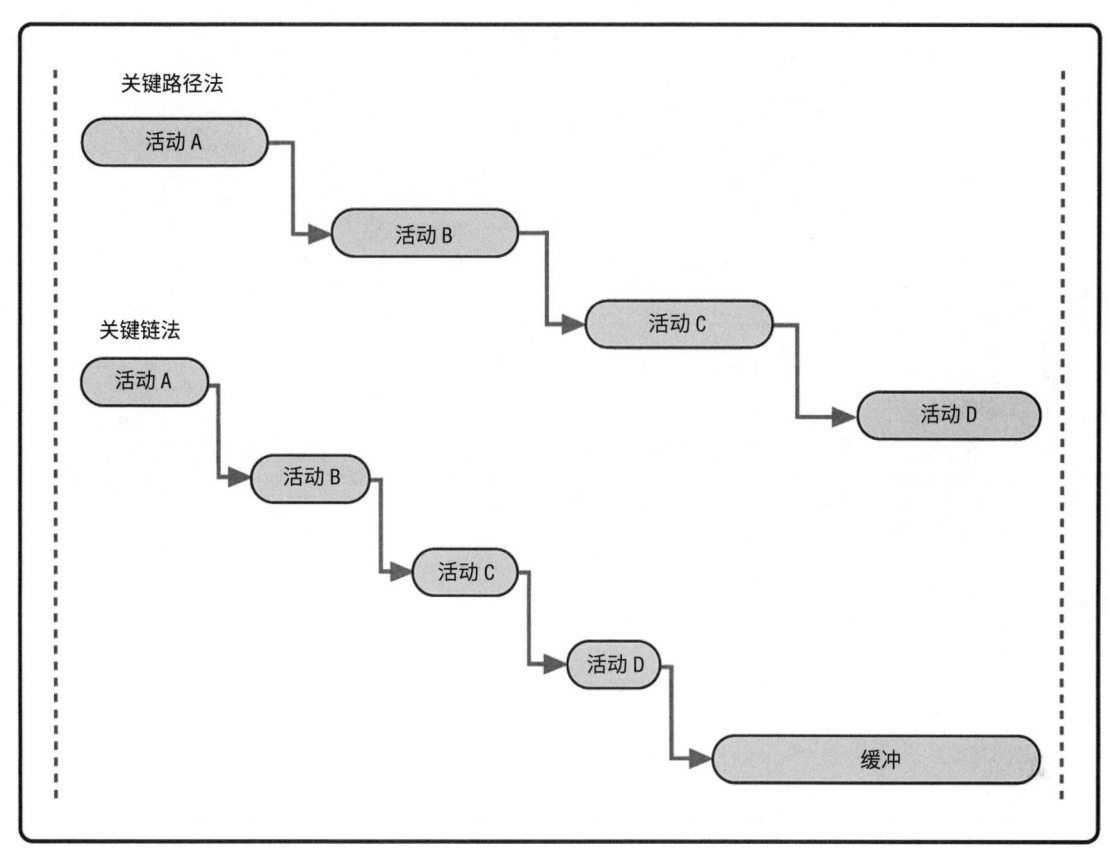

图 2-11　项目缓冲

2.2.3 适应型生命周期

有些项目范围要求已经明确，有些则从项目范围到实施方法均有高度的不确定性（见图 2-12）。范围定义明确的项目根据其特点可以找到过去与之类似的项目，证明哪些工作程序和过程是成功的。汽车、电器、建筑物或家装的成功制造或建造证明，可以在设计完成后使用线性方法完成项目，它们是可定义的工作的示例。这些生产领域和过程通常都很容易理解，不确定性和风险的数量通常是可以控制的。

新设计、问题解决和以前未完成过的项目被视为探索性的。它们需要主题专家通力协作并解决特定问题以找到解决方案。高度不确定性工作的例子包括软件工程和产品设计。随着更多可定义的工作进行自动化生产，项目团队面对的是更多高度不确定性项目，这些项目需要更多地使用适应型方法来进行，如敏捷。

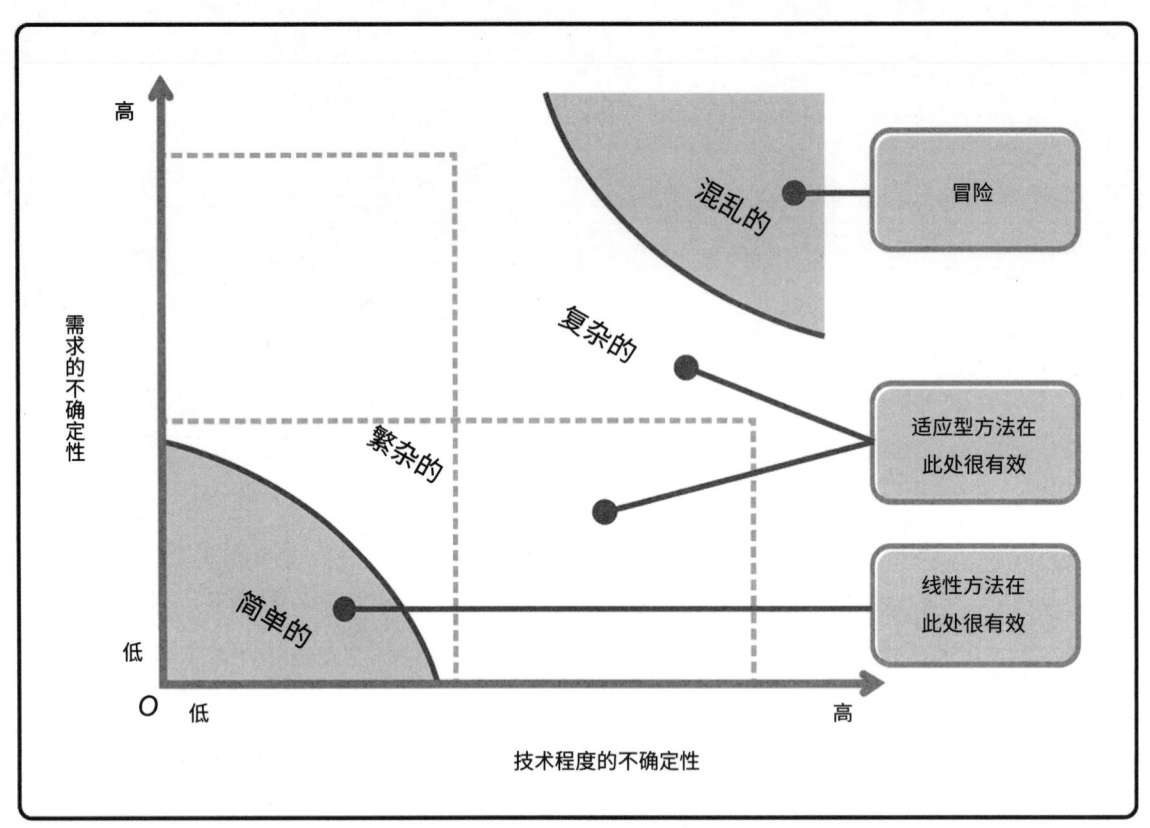

图 2-12　不确定性模型

高度不确定性项目具有极高的变化性、复杂性和风险。这些特点可能给传统的预测型方法带来问题，因为预测型方法旨在提前管理大部分需求，并通过控制变更请求的过程来控制变更。敏捷是许多适应型方法的总称。它允许项目经理快速适应干系人的需求，以及从团队内部或外部收到的任何反馈。敏捷框架下有许多方法，如图 2-13 所示。两种比较流行的方法是 Scrum 和看板。

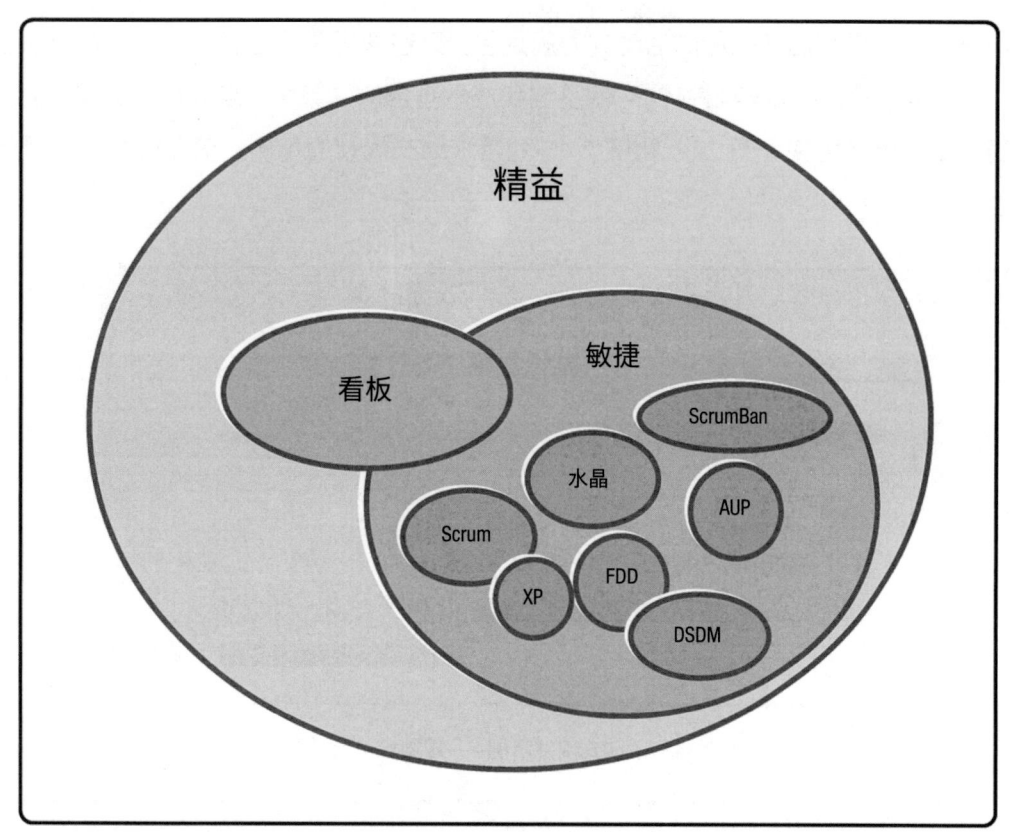

图 2-13　敏捷方法举例

2.2.4　滚动式规划

滚动式规划是一种迭代规划技术，详细规划了近期将要执行的工作，而对未来的工作只在较低的详细程度上进行了规划。滚动式规划技术，有时被称为"渐进明细"，假设项目团队很可能拥有关于当前滚动周期活动的准确而详细的信息，而关于项目未来滚动周期活动的信息则较少。使用滚动式规划时，定期进行详细规划非常重要。下一个周期的详细规划需要在下一个周期开始执行之前完成。滚动周期的时间定义了稍后将添加详细工作的时间边界。

将当前详细规划周期后续阶段的活动列为规划包，只包含粗略的信息。这些规划包中包含成本和资源信息，这些信息被用在基于 CPM 的时间基准和成本基准的估算中。当进行详细规划时，这些规划包将被用更详细的信息替换。图 2-14 和图 2-15 就是滚动式规划的示例。滚动式规划的概念也适用于一些适应型方法。

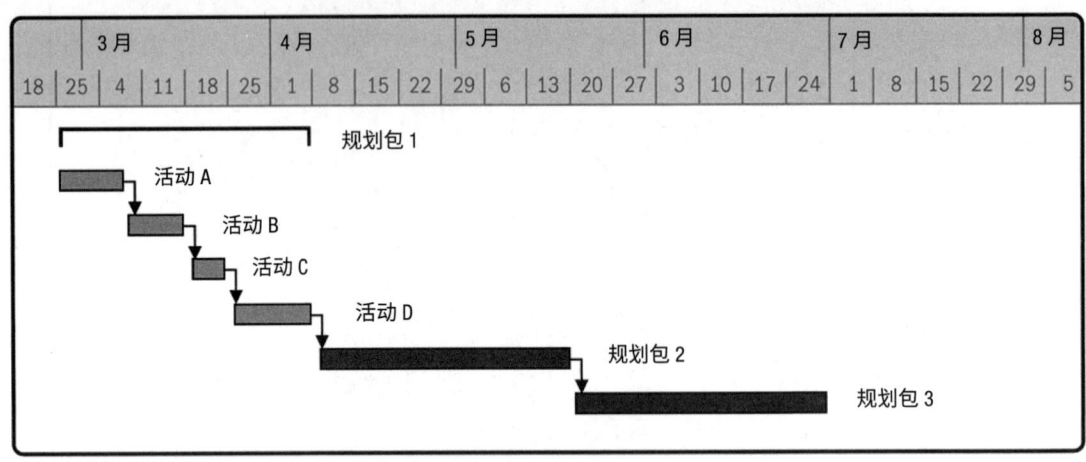

图 2-14　滚动式规划示例——规划包 1 已被分解

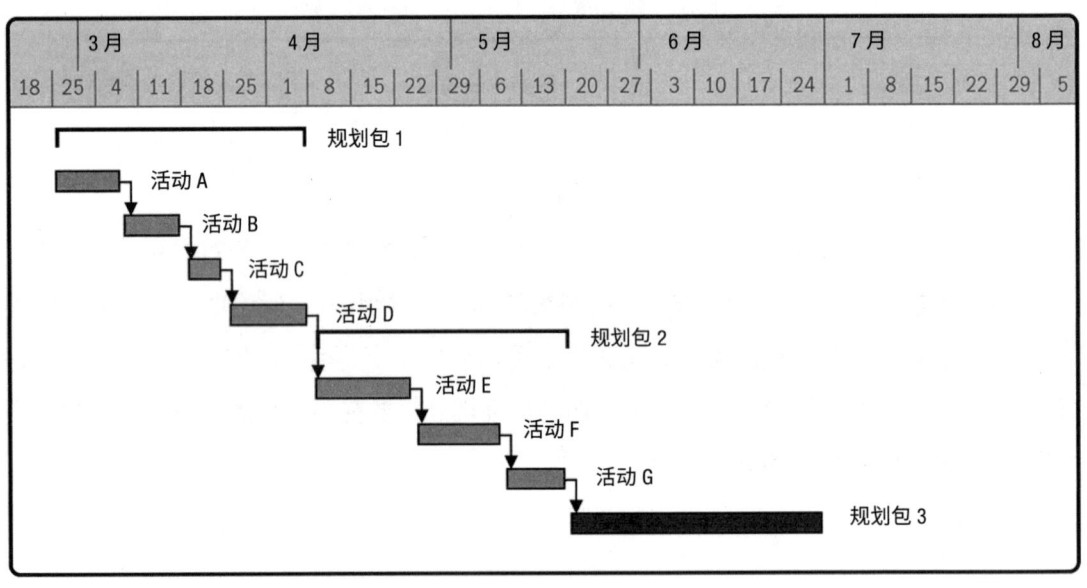

图 2-15　滚动式规划示例——规划包 2 已被分解

2.2.5 其他方法和发展趋势

进度计划的其他方法和发展趋势如下所示。

◆ **基于位置的进度计划。** 基于位置的进度计划（LBS）旨在帮助建筑行业的项目经理制订工作流程和计划。LBS 法又称垂直生产法、线性排程法、重复排程法、均匀流生产法和流水线进度法。

利用 LBS 法可以制订一个进度计划，表明事件将要发生的位置和时间，以及项目组员在时间和空间上的移动（见图 2-16）。这种方法的重点是优化并行工作的许多资源的生产率，通常位于多个工作第一线。项目中的不同任务应在同一流程中进行，以在不浪费时间的情况下保证持续的进度输出。通常，进度模型包含项目中活动的地理位置。LBS 法被用于计划或记录连续进行的多个活动的进度。该方法可通过图形工具可视化。

与 CPM 相比，该方法的主要优势在于其优化资源利用率的基本思想。工作进度一目了然，不同工作活动的顺序也很容易理解。这种方法主要用于大型水平施工项目（如铁路、公路、管道、输电线路）和垂直施工项目（如摩天大楼的逐层装修）。工业项目有时也将这种方法与其他方法混合使用。

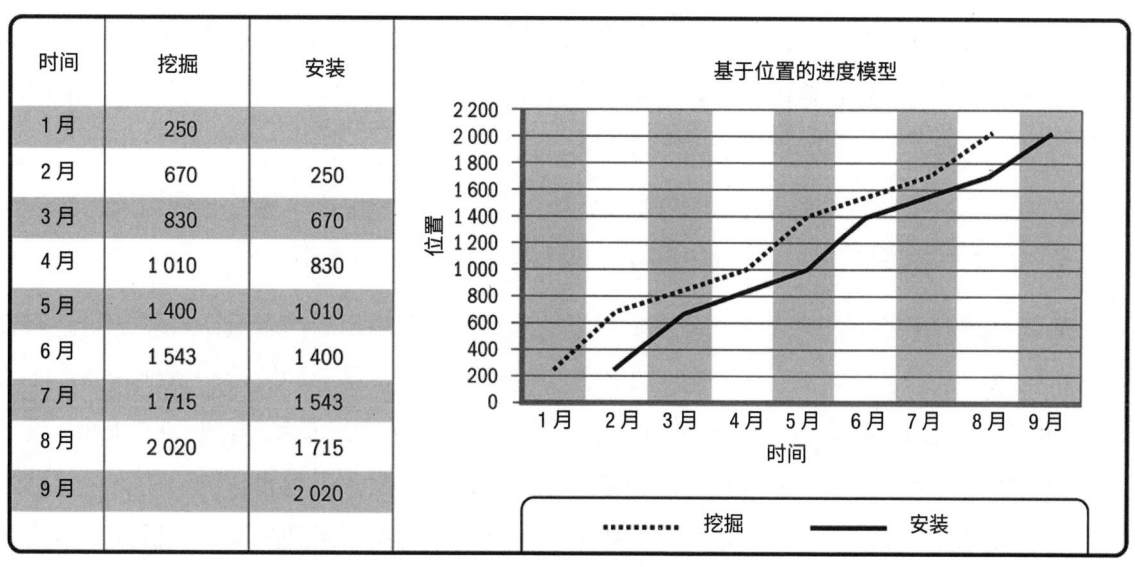

图 2-16 基于位置的进度计划示例

第 2 章 进度模型的原理和概念

◆ **按需进度计划**。按需进度计划通常被用于适应型环境。按需进度计划方法立足于精益制造中基于拉动的进度计划概念。按需进度计划的目的是限制团队的在制品（WIP），以平衡需求与团队的交付产能。项目团队最好是敏捷和响应迅速的，使可交付成果能够"准时"交付。由于需求和能力总是在波动变化，因此平衡发生在工作产品进入系统时，而不是进入系统之前。其他进度计划方法对工作产品进行假设，这使得一旦工作产品被投入项目中，就很难采取任何平衡措施。使用拉动式方法，只有当下游有能力进行新的工作时，下游才从上游接收（拉动）工作。拉动系统要求生产阶段对在制品进行限制（WIP 限制），一旦建立了流程，它有助于估计工作的完成情况。这样的系统更容易预测，并且不必要的变化更少，从而最大限度地减少过程中的浪费。规划过程可以消除瓶颈，从而提升进度模型的价值。一旦消除了瓶颈或约束条件，一个高效的流程就会被创建，从而平衡交付产能。

◆ **精益进度计划**。精益进度计划基于精益项目交付的原则（按需进度计划），旨在最大限度地减少浪费，实现价值最大化。为了实现这一目标，不预先将可交付成果分配给团队。精益进度计划原则指出，当有能力将工作放入流程中时，通过拉动工作来限制队列是极其重要的。项目团队成员在拉动式计划会议上进行协作，定义完成里程碑所需的基本活动、持续时间和交易之间的交接。主要步骤如下：

■ 主进度计划。确定关键里程碑、基本活动和阶段。该详细计划由项目团队创建。

■ 阶段进度计划。使用主进度计划中确定的阶段。向后工作（拉动），协同确定每个阶段的持续时间、顺序、约束和协调。团队就该计划达成一致并作为一个团队共同执行。阶段进度计划的输出用于生成前瞻进度计划。

■ 前瞻进度计划。将工作流程与工作量相匹配，最大限度地提高可靠性。使用周工作计划制订待完成工作的详细计划，并维护已完成工作的信息记录。

◆ **智能系统**。智能系统将人工智能中机器学习部分应用于项目进度管理。机器学习使用算法解析数据，从中学习，然后做出判断或预测。基于此，它不是手动执行一系列活动，而是输入一组假设和活动要求，如约束、硬逻辑、资源和条件［如果-那么-否则（IF-THEN-ELSE）］。作为一种新兴趋势，智能系统已被广泛应用于各个行业。出于进度管理的目的，一种可能的情况是，进度模型从所获得的进度数据中学习，并根据待执行活动的输入数据提出新的活动关系序列。另一种可能的情况是，进度模型从其他项目的进度模型中学习，并根据确定的模式，给出关于物料、供应商和项目成员的应急储备。算法识别具有特定行为的活动集群，并识别可在其中分析的活动模式，以了解如何避免或利用此类模式。

- **平衡线图**。平衡线图（LOB）最初是为规划和控制制造业流程而开发的。后来，它被扩展为一种进度计划和管理方法，主要针对具有重复性或长期活动的项目。

  LOB 的重点是重复性活动随时间变化的生产率（单位），而不是定义和跟踪一段时间内的离散活动。这将使工作流程和生产结果可视化。LOB 将项目中的重复性工作显示为图形上的一条直线，而不是条形图上的一系列单独活动。这条直线表示为保持进度所需执行的工作速率。LOB 可以帮助暴露流程瓶颈。LOB 的主要优点是，它以简单的图形表示方式计算生产率和时间。

- **建筑信息模型**。建筑信息模型（BIM）是一个创建和管理建筑物物理特性和功能特征相关信息的过程。它在建筑物建造的整个生命周期中提供信息、支持决策。

  在中央数据库中收集的项目信息为集成项目的 3D 设计模型（高度/宽度/深度）和进度模型提供了机会。BIM 软件允许识别设计对象的顺序，该顺序成为进度模型的基本逻辑。在 BIM 中，时间被视为第四维度。将时间维度添加到 BIM 中，可以在适当的细节级别将计划与数据对象连接，并虚拟地构建项目。BIM 软件还允许在决定最佳进度管理方法之前，测试不同的选项。成本可以作为第五维度，被纳入 BIM 中。集成的 BIM 方法支持以下内容：

- 成本估算；
- 三维协调；
- 及时采购/预先制造；
- 建设规划和监测；
- 计划执行的 4D 模型可视化；
- 责任人生命周期中使用的记录模型。

  4D BIM 建模可视化结合了施工部件供应和安装的开始与完成日期数据，并揭示了这些数据对整个项目的重要性。BIM 消除了传统施工进度计划缺乏可视化带来的挑战。建筑/工程/基础设施领域的 BIM 软件工具为使用它的项目节省了大量的时间和金钱。这种方法可以大大降低成本和进度，从而减少施工索赔情况的发生。世界各地的大公司和政府开始强制要求在大型项目中使用 BIM。

2.3 进度计划编制工具

进度计划编制工具通常是指软件应用程序，其中包含算法、组件、功能和规则，用于输入活动、依赖关系、资源及其分配，并对这些对象加以运算，最终创建进度模型实例和进度视图。通过运行进度计划编制软件应用程序，并观察那些可以用于构建进度模型的进度计划编制工具的功能，进度计划组件很容易可视化。

进度计划编制工具实质上是进度模型组装平台。该平台提供了进度模型中各种进度参数和组件，以及分析趋势和性能的方法。例如，基于 CPM 的进度计划编制工具包括完成以下任务的能力：

- 选择活动之间的逻辑关系类型［如"完成—开始"（FS）或"完成—完成"（FF）］。
- 在活动之间添加滞后量和提前量。
- 为添加的活动补充信息，以协助对活动进行分析、报告和分组。
- 为活动分配资源，并通过资源信息和资源可用性来调整活动的进度安排。
- 为在同一时期内使用相同资源的活动分配优先级。
- 为仅依靠逻辑关系（如与其他活动的紧前关系）不足以满足项目要求的活动添加约束条件，尤其是在考虑外部进度驱动因素和资源可用性时。
- 将特定的进度模型实例作为进度基准。
- 记录活动的实际进度。
- 对进度模型进行各种假设情景分析，从而得到不同的项目完成日期。
- 分析潜在的进度模型变更对项目目标的影响。
- 将最新的进度模型实例与以前的进度模型实例或批准的进度基准进行比较，以识别并量化偏差和趋势。
- 验证生成的进度模型的有效性。

2.4 进度模型

将项目的具体数据（如工作包、活动、持续时间、资源、逻辑关系、依赖关系和约束条件）引入进度计划编制工具，就可以为给定的项目创建一个独立的、不依赖于方法及其需求的进度模型。

进度模型是一种管理工具，包含与项目执行计划相关的信息。进度模型可模拟不同的场景和情况，结合项目团队输入的项目实际数据和预估的将来数据，推测可能的项目里程碑和完成日期。它是用于沟通和管理干系人期望的重要工具。进度模型受项目进度管理计划指导，该计划确定：（1）使用的进度计划编制方法；（2）使用的进度计划编制工具；（3）应如何处理活动、计划日期、持续时间、资源、依赖关系和约束条件等。

进度模型创建除了包含项目执行阶段的活动顺序、持续时间、资源需求和进度约束等信息，还覆盖了项目监控过程的工作，因此，最终将生成一个包含各活动计划完成日期的进度模型。

进度模型创建将生成一个经批准的进度模型，供规划和监控过程组中的过程使用（见《PMBOK®指南》第 6 章），该模型对项目进度和变更做出逻辑的、可预测的反应。

进度模型分析基于进度、成本和范围的变更，将进度模型中的变更与基准进行比较，并与项目团队对这些变更可能带来的影响的预期进行比较。无论是正式变更或逐渐演进，范围变更需要同时包含在 WBS 和进度模型中。

项目团队对进度模型的使用，主要是以进度模型实例的形式对项目完成日期进行预测。进度模型提供基于时间的预测，并动态响应整个项目生命周期中的输入和调整。

创建进度模型时，需要识别并描述项目 WBS 和 WBS 字典中定义的里程碑及活动。活动名称应该：（1）以动词开头；（2）至少包括一个独特的具体的对象；（3）必要时包括解释性形容词。活动按适当的逻辑关系排序。应考虑完成每项活动所需资源的数量、技能水平和能力。此外，建议咨询执行活动的人员，以确定他们认同每项活动的持续时间估算。最后，如果历史数据可用，那么在估算持续时间时应考虑这些数据。进度模型中不应使用提前量、滞后量等时间因素在内的约束来代替进度之间的逻辑关系。创建进度模型会产生一个进度基准，使得实际进度可与批准的进度基准进行比较。

2.5 进度模型实例和进度视图

进度模型实例可生成进度视图，用来报告关键路径、资源利用概况、活动清单、活动分配清单、完成记录、挣值管理系统数据、分时成本等。这些项目数据支持项目团队和干系人对项目情况进行分析（见图 2-17）。

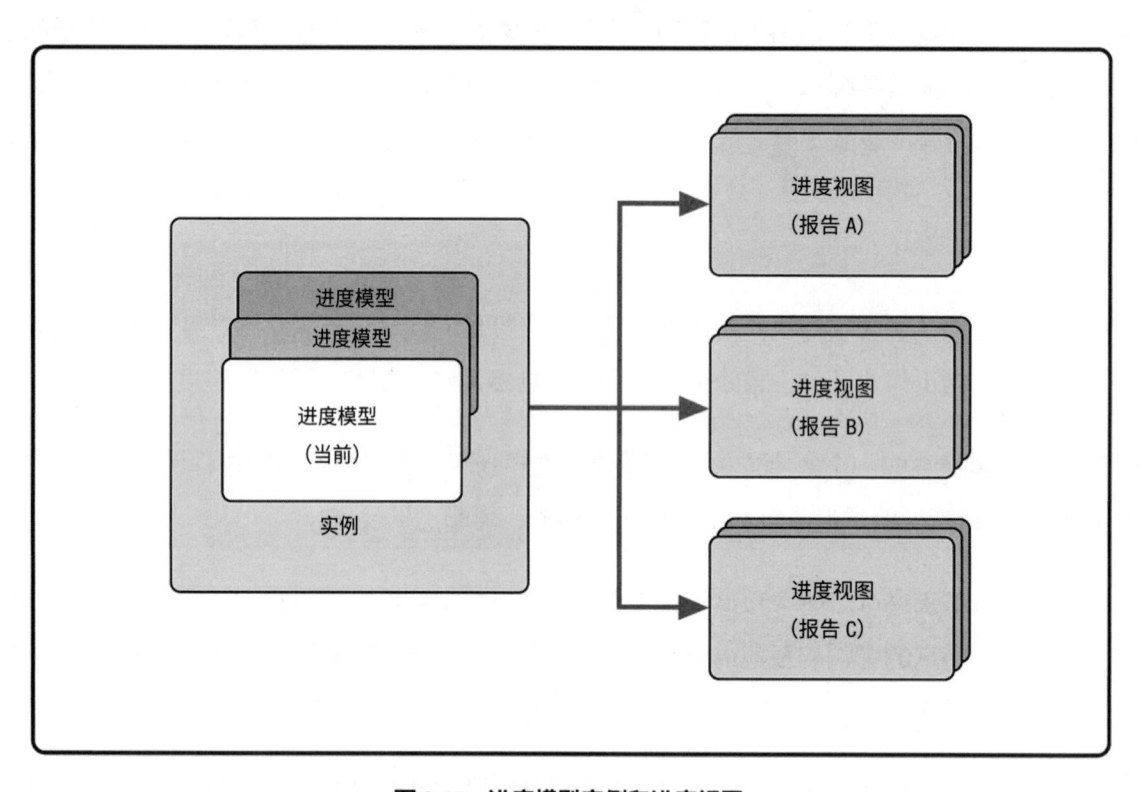

图 2-17 进度模型实例和进度视图

进度视图，最简单的形式就是一张列明活动及活动进度日期的表。进度视图可以向干系人说明项目活动和事件预计会在什么时候发生。资源型进度视图还可以在活动上指定具体人员、角色或系统/工具。

"进度计划"一词通常有两层含义：一表示进度模型；二表示具有相关日期的活动的输出。为了明晰这个概念，并与《PMBOK®指南》保持一致，本实践标准将进度计划编制工具内的有项目具体数据的内容定义为进度模型；将基于项目具体数据的进度计划编制工具的输出定义为进度视图（见图 2-7 和图 2-8）。

进度视图可以有很多种表现方式，包括但不限于：

- 简要清单。
- 有日期标注的横道图。
- 有日期标注的逻辑网络图。
- 资源使用模式。
- 成本。
- 里程碑。
- 主进度计划。
- 部门工作清单。
- 团队工作清单。
- 到期交付日。
- 任务依赖关系图。
- 燃烧图。
- 看板。

还有许多其他进度视图的表现方式，因进度计划编制方法、进度计划编制工具和干系人的沟通需求而异。进度视图可以采用最早开始时间表、最晚开始时间表、进度基准、资源限制进度或目标进度的形式来进行日期估算。其他类型的进度视图是这五种基本进度视图的变化形式。这些变化形式包括主进度计划、里程碑进度计划和汇总进度计划等。这些术语的使用也可能因项目和组织而异。关于敏捷，见 2.6 节。

2.6 敏捷

敏捷是许多适应型方法的总称。敏捷是一种思维方式，由价值观定义、由原则指导，并通过许多不同实践表现出来。与传统方法相比，敏捷中有更多的规划，但是不同的项目生命周期中，规划的分布是不同的。应该做一个负责任的前期规划。由于返工带来的疏忽和延误风险很高，因此，在前期规划很少的情况下应谨慎行事。如果前期做了太多规划，那么编制一个非常详细但不准确的进度计划的风险就会增加。最佳方法是仅做够用的前期规划，以最大限度地减少重复和返工的风险。

敏捷专注于缩短交付周期，以频繁和增量的方式获得可交付的成果。它侧重于实现中期利益，而不是活动的完成。敏捷方法的一个重要特点是多次迭代，而不是从一个阶段平滑地进入另一个阶段。

Scrum 和看板是经常交替使用的两个术语，但这两个敏捷框架之间存在显著差异。Scrum 使用广泛，用于将工作组织成小的、可管理的、以故事形式表示的部分。用户故事从最终用户的角度提供价值，并由跨职能团队在指定的时间段（称为 Sprint 或迭代）内完成。这些迭代通常为 1~4 周，由组织的项目管理方法或项目团队确定。项目团队在项目的整个生命周期内保持迭代持续时间，以建立项目节奏。

与 Scrum 一样，看板鼓励将工作分解为可管理的部分。Scrum 限制交付周期（一个周期能完成的工作数量受限），看板限制任何一种情况下所允许的工作量（只有这么多的任务可以进行，只有这么多的任务可以在待办事项列表上）。Scrum 和看板都允许将大型和复杂的需求分解为小的功能，以便高效地完成。

在图 2-18 中，迭代 1 和迭代 2 已完成，迭代 3 正在进行，迭代 4 待开始（未开始）。完成迭代所需的具有高优先级的任务项尚未添加到迭代中。在待办事项列表中的优先任务永远不会有工期估算。

	功能编号	优先级	故事点（工作量）	开始日期	完成日期	持续时间（天）	状态
迭代 1			10	2月3日	2月28日	20	
	A		2	2月3日	2月21日	15	完成
	B		2	2月10日	2月28日	15	完成
	C		6	2月3日	2月28日	20	完成
迭代 2			14	3月2日	3月27日	20	
	D		5	3月6日	3月27日	16	完成
	E		6	3月2日	3月27日	20	完成
	F		3	3月16日	3月27日	10	完成
迭代 3			8	3月30日	4月24日	20	
	G		3	3月30日	4月24日	10	进行中
	H		5	4月7日	4月24日	5	进行中
迭代 4			0	2月27日	5月22日	20	
	I		0			0	未开始
待办事项列表			30			0	
	J	高	17			0	待办
	K	低	4			0	待办
	L	低	7			0	待办
	M	中	2			0	待办

图 2-18 多个迭代或 Sprints 示例

项目团队根据优先级顺序，从产品待办事项列表中选择他们认为可以在迭代中完成的任务。作为迭代规划的一部分，项目团队根据这些功能和任务发布迭代待办事项列表。一旦团队承诺当前迭代将完成哪些用户故事，迭代工作就开始了。这些组件展示在图 2-19 中。在迭代过程中，团队每天以 15 分钟会议的形式相互检查，称为每日站会。在整个迭代周期中，团队以信息板的形式维护进度视图，该信息板可以直观地表示迭代目标的进度。在迭代结束时，项目团队向干系人展示他们已经完成的工作，并收集影响他们在未来迭代中工作的反馈。项目团队还要召开一次回顾会议，以确定未来迭代需要改进的内容。该过程如图 2-19 所示。

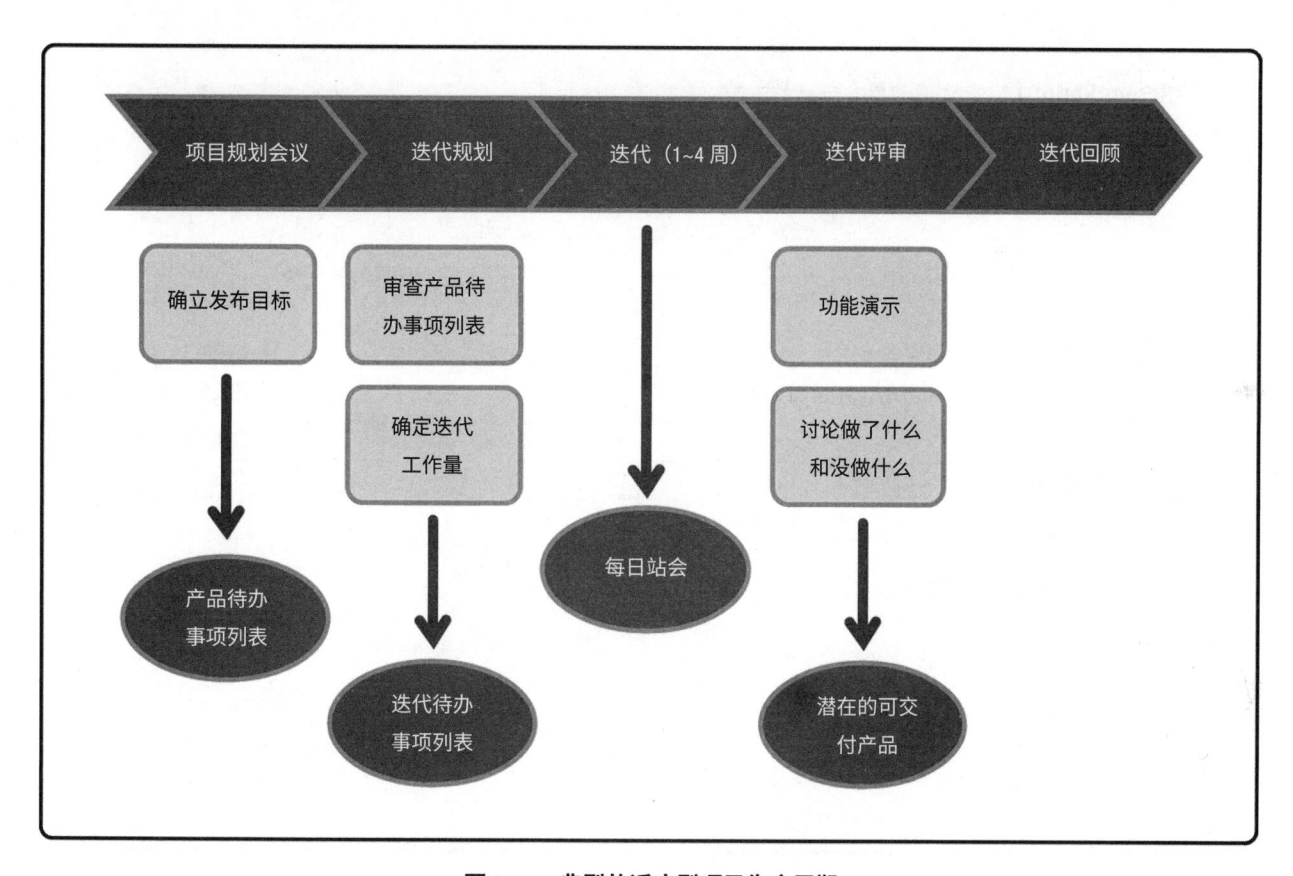

图 2-19 典型的适应型项目生命周期

每次迭代的第一天都会召开一次会议。整个项目团队开会商定他们可以在迭代中完成的功能集，并商定与这些功能相关的任务。项目团队对这些估算进行再评估，以确认他们是否有足够的时间在一个迭代中完成所要求的所有功能。如果答案是肯定的，项目团队就开始聚焦于迭代的工作（见图2-20）。如果答案是否定的，项目团队则会将低优先级的功能放回产品待办事项列表中，直到整体工作负载小到一个迭代可以覆盖，项目团队才会承诺这个迭代的交付范围。一旦确认了迭代计划并且做出承诺，项目团队就开始使用可见的信息板跟踪整个迭代的进度。这些信息板包括燃尽图、燃起图和任务板。最常用的任务类别包括待办、进行中和完成。

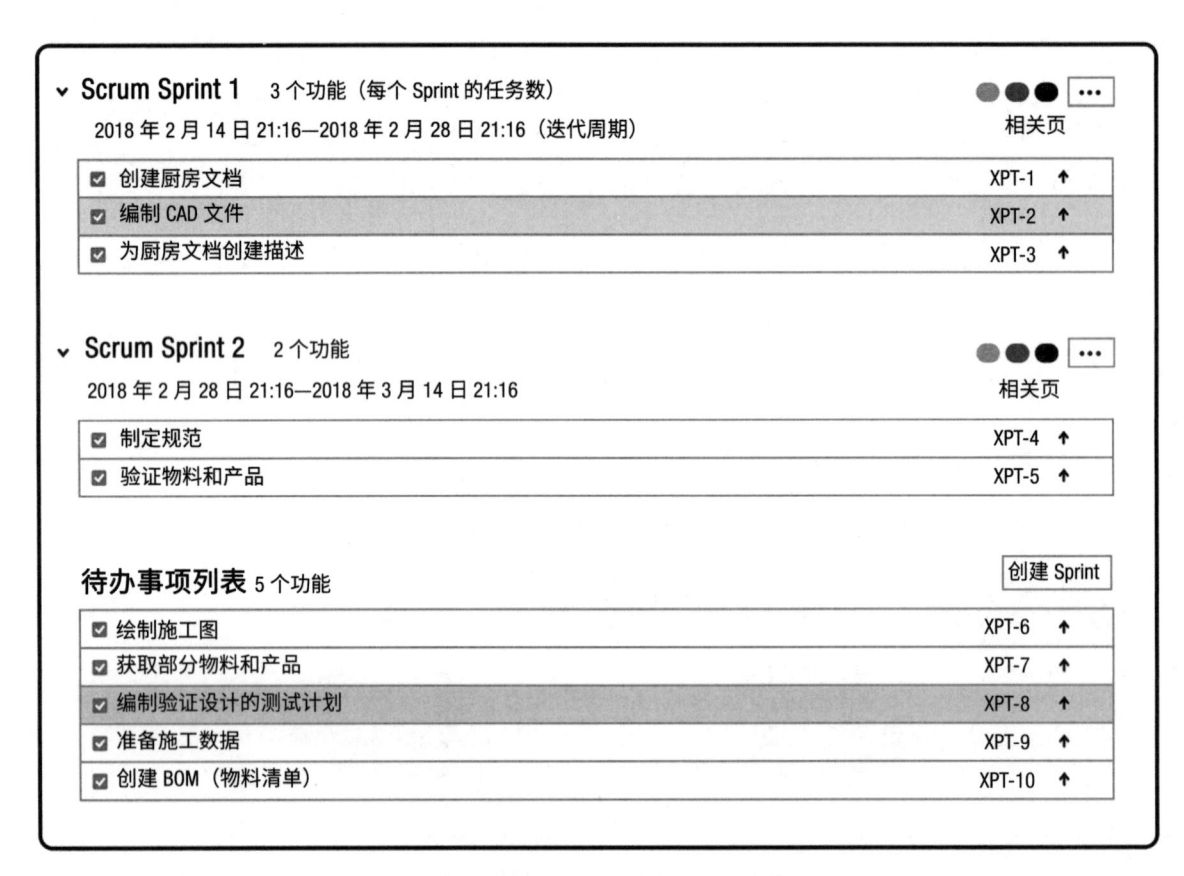

Scrum Sprint 1	3 个功能（每个 Sprint 的任务数）		
2018 年 2 月 14 日 21:16—2018 年 2 月 28 日 21:16（迭代周期）			相关页
☑ 创建厨房文档		XPT-1	↑
☑ 编制 CAD 文件		XPT-2	↑
☑ 为厨房文档创建描述		XPT-3	↑

Scrum Sprint 2	2 个功能		
2018 年 2 月 28 日 21:16—2018 年 3 月 14 日 21:16			相关页
☑ 制定规范		XPT-4	↑
☑ 验证物料和产品		XPT-5	↑

待办事项列表 5 个功能		创建 Sprint
☑ 绘制施工图	XPT-6	↑
☑ 获取部分物料和产品	XPT-7	↑
☑ 编制验证设计的测试计划	XPT-8	↑
☑ 准备施工数据	XPT-9	↑
☑ 创建 BOM（物料清单）	XPT-10	↑

图 2-20　Sprint（迭代）规划会议的结果示例

虽然类似，但 Scrum 板和看板之间也有区别：

◆ 在 Scrum 板中，列标签反映了工作流中的时间段，从 Sprint 待办事项列表开始，到满足团队对"完成"的定义为止。在每个迭代开始时添加到板中的所有故事都出现在该迭代结束时的最后一列中。迭代结束后，团队清空板上内容并为下一次迭代做准备。工作从左到右进行，直到 Sprint 中的所有工作都在"完成"列中，如图 2-21 所示。

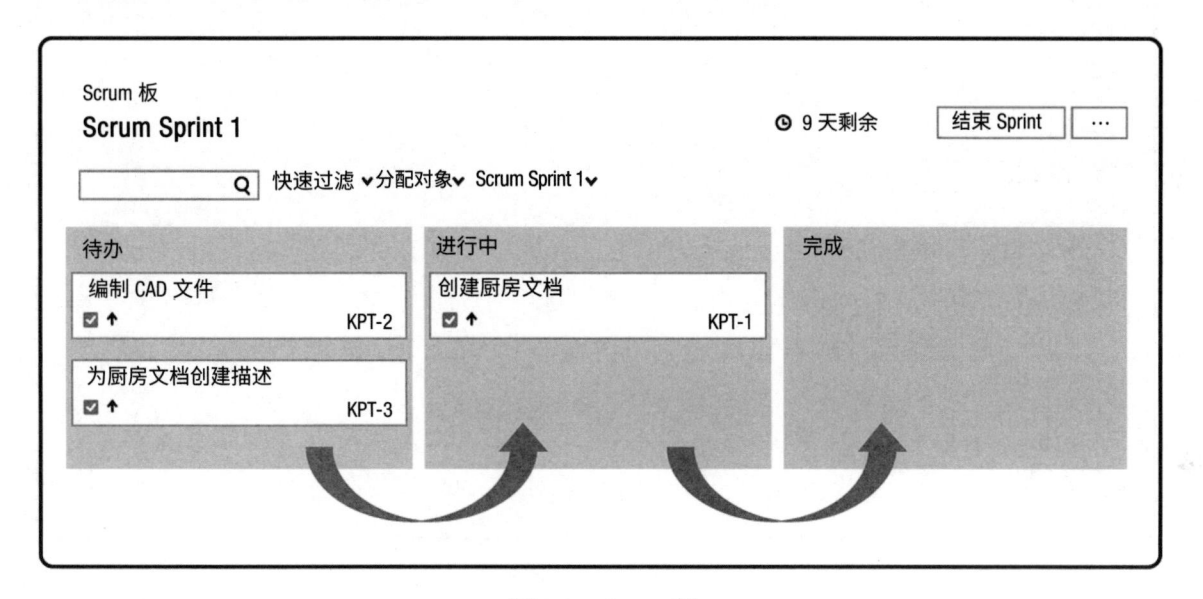

图 2-21 Scrum 板

◆ 在看板中，列标签也显示工作流阶段，但与 Scrum 板有一个区别，即每列在任何时候允许的最大故事数是确定的。这将强制执行看板为每种情况规定的团队确定的限制。由于每列允许的故事数量有限，并且没有其他迭代的需要，因此无须随着工作的进展重置看板。只要项目继续进行，它将继续流动，根据需要增加新的故事，并在必要时重新评估已完成的故事，如图 2-22 所示。

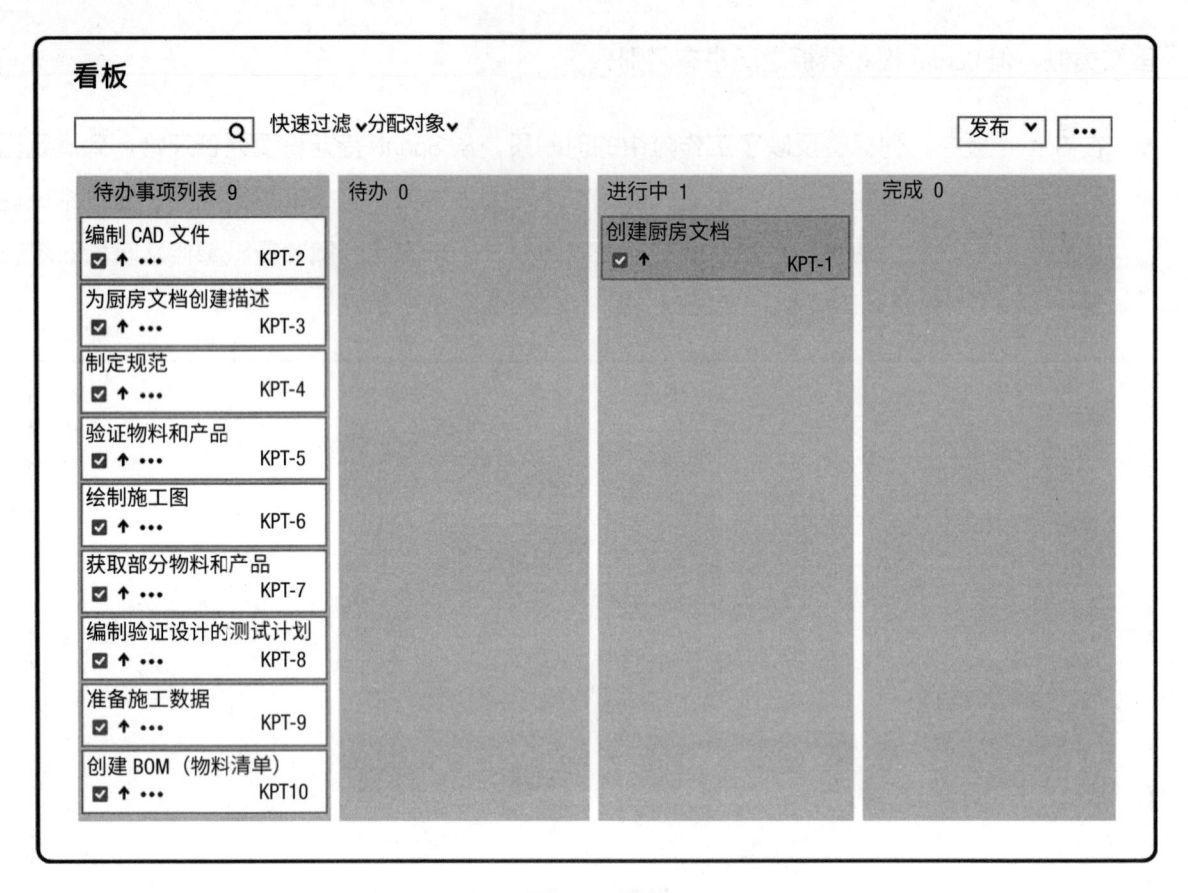

图 2-22　看板

依赖关系是敏捷方法中的另一个重要主题。敏捷试图避免需求之间的依赖关系，但这些依赖关系总是在实践中发生。需求之间存在依赖关系有几个原因，例如：

◆ 最终用户驱动的依赖关系（作为最终用户活动的结果，在业务领域中自然发生）。

◆ 需求分解依赖关系（当将大型需求分解为小型需求时，存在从原始大型需求到小型子需求之间的依赖关系）。

◆ 技术驱动的依赖关系（一些团队会依据特定的平台、子系统或架构层来确定需求）。

图 2-23 描述了一种简单的情况，其中一个敏捷项目组被分为五个小组（从 A 到 E）。需求之间的箭头表示功能依赖关系。在本例中：

◆ A 组的待办事项列表中的需求 2 依赖需求 4。

◆ 需求 4 依赖 B 组的需求 3，B 组的需求 3 又依赖 C 组的需求 5，C 组的需求 5 依赖 D 组的需求 2。

◆ D 组的需求 2 依赖 E 组的需求 2，E 组的需求 2 又依赖 D 组的需求 4，D 组的需求 4 又依赖 C 组的需求 7。

其他需求之间也可能存在依赖关系。

A 组	B 组	C 组	D 组	E 组
需求 1	需求 1	需求 1	需求 1	需求 1
需求 2	需求 2	需求 2	需求 2	需求 2
需求 3	需求 3	需求 3	需求 3	需求 3
需求 4	需求 4	需求 4	需求 4	需求 4
需求 5	需求 5	需求 5	需求 5	需求 5
需求 6	需求 6	需求 6	需求 6	需求 6
需求 7	需求 7	需求 7	需求 7	需求 7
需求 8	需求 8	需求 8	需求 8	需求 8
需求 9	需求 9	需求 9	需求 9	需求 9
需求 10	需求 10	需求 10	需求 10	需求 10

图 2-23 需求之间依赖关系示例

可以使用一些策略来消除依赖关系，例如，重新确定一个或两个需求的优先级，使用一个模型来表示缺失的功能，直到它可用为止，或者重新定义需求。

2.6.1 进度跟踪和进度视图

燃尽图是团队使用的最常见的敏捷跟踪机制。燃尽图的应用和使用因敏捷项目而异，但关键点都是随着时间的推移跟踪剩余的工作。使用剩余工作量绘制燃尽图是使用燃尽图最有效的方法。第一步是创建 WBS 以编制待办事项列表，这是迭代规划的关键输入，通常在迭代规划会议期间完成。每个故事都应该有一个对应的度量单位，由项目团队在规划会议上决定。一旦工作分解到位，项目团队就可以绘制计划工作的燃尽图。假设所有任务都将在迭代中以统一的速率完成，由此可画出一条进度计划线。例如，如果迭代持续时间为 2 周，迭代的总工作量为 420 个故事点。在迭代第 1 天，一旦任务分解到位，计划的完成情况就可以绘制出来，如图 2-24 所示。

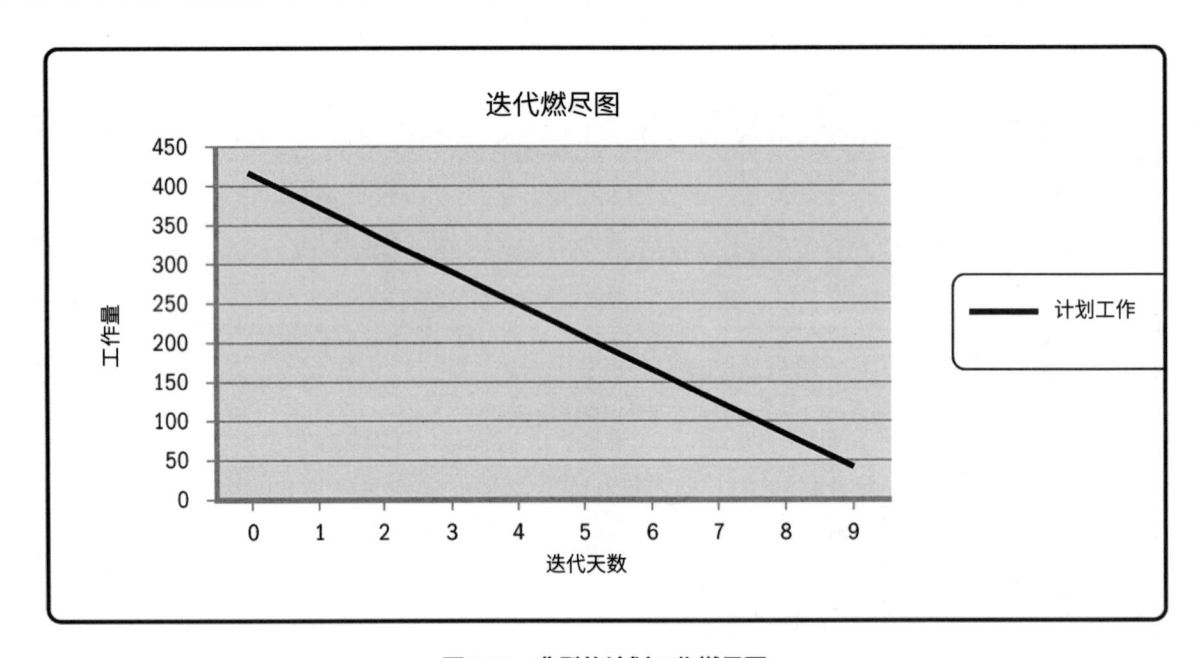

图 2-24　典型的计划工作燃尽图

图 2-24 中的 Y 轴描绘了应在迭代结束时完成的总故事点数（420）。计划进度线已经绘制，它假设所有工作都将在迭代结束时完成。每个项目成员从工作分解中挑选要完成的工作。在一天结束时，项目团队用剩余的工作来更新工作分解。

随着迭代过程往前推进，图 2-25 显示了剩余工作的燃尽情况。

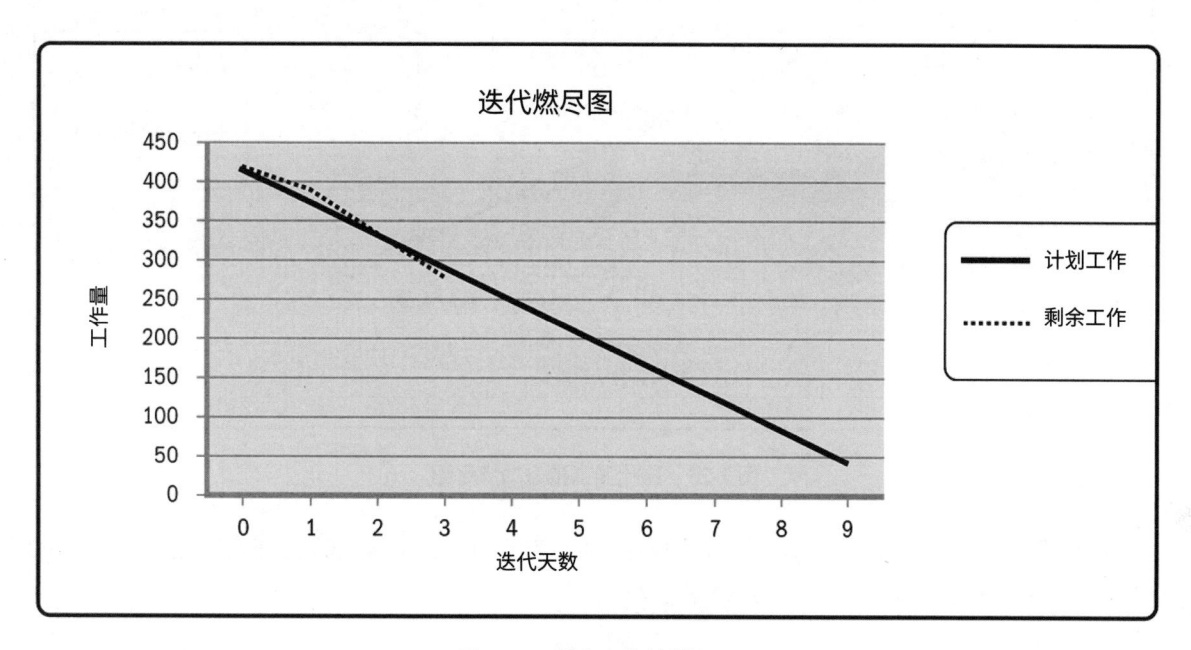

图 2-25 剩余工作的燃尽图

在图 2-25 中，当剩余工作线在计划工作线上方时，这意味着项目团队的工作进度较慢，可能无法按时完成所有承诺。在项目或迭代刚开始时，剩余工作线预计会高于计划工作线，因为项目团队需要进行磨合，并学习与干系人交流。

图 2-26 显示了一个达成迭代承诺、迭代顺利推进的燃尽图。

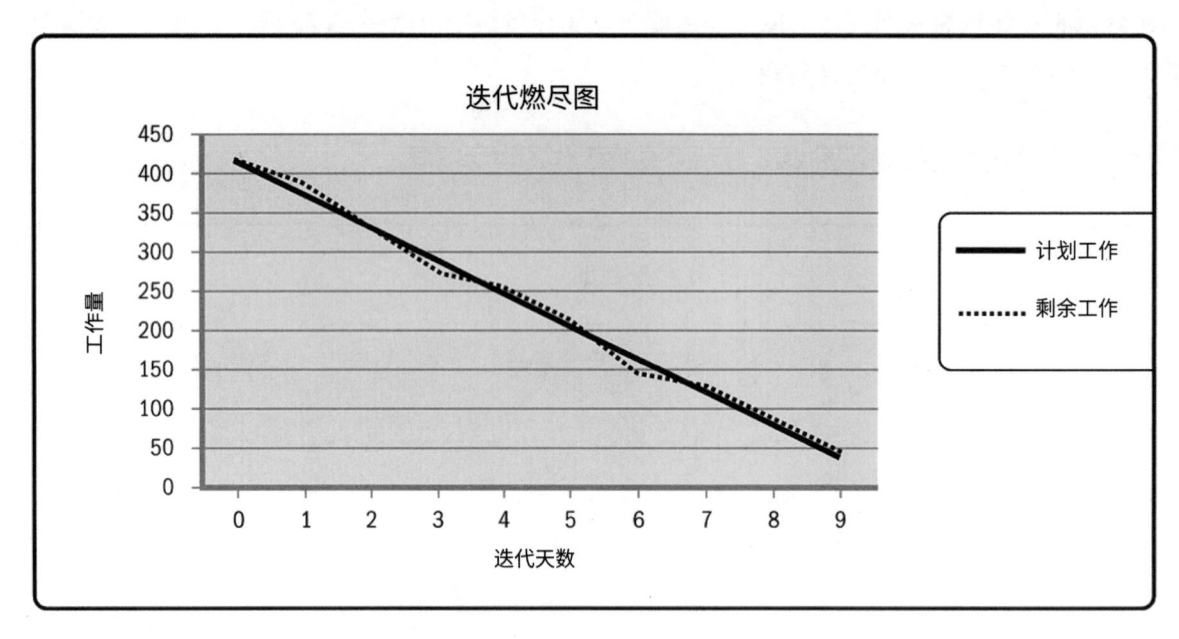

图 2-26　迭代顺利推进的燃尽图

图 2-27 表示迭代任务未能完成。在该迭代中，大约有 100 个故事点的工作没有完成。剩下的工作将成为产品待办事项列表的一部分，并转入后续迭代。

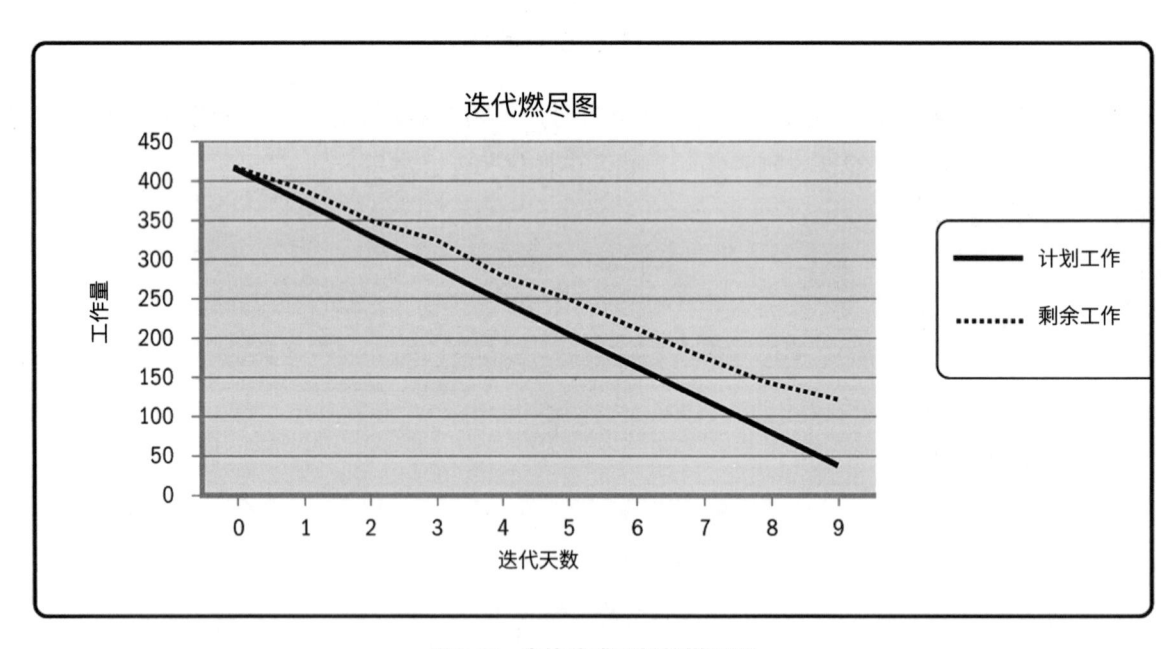

图 2-27　未能达成目标的燃尽图

燃尽图的另一个例子如图 2-28 所示。在本例中，项目团队在迭代的前几天以缓慢的速度工作，但在迭代结束时加快推进，最终完成目标。

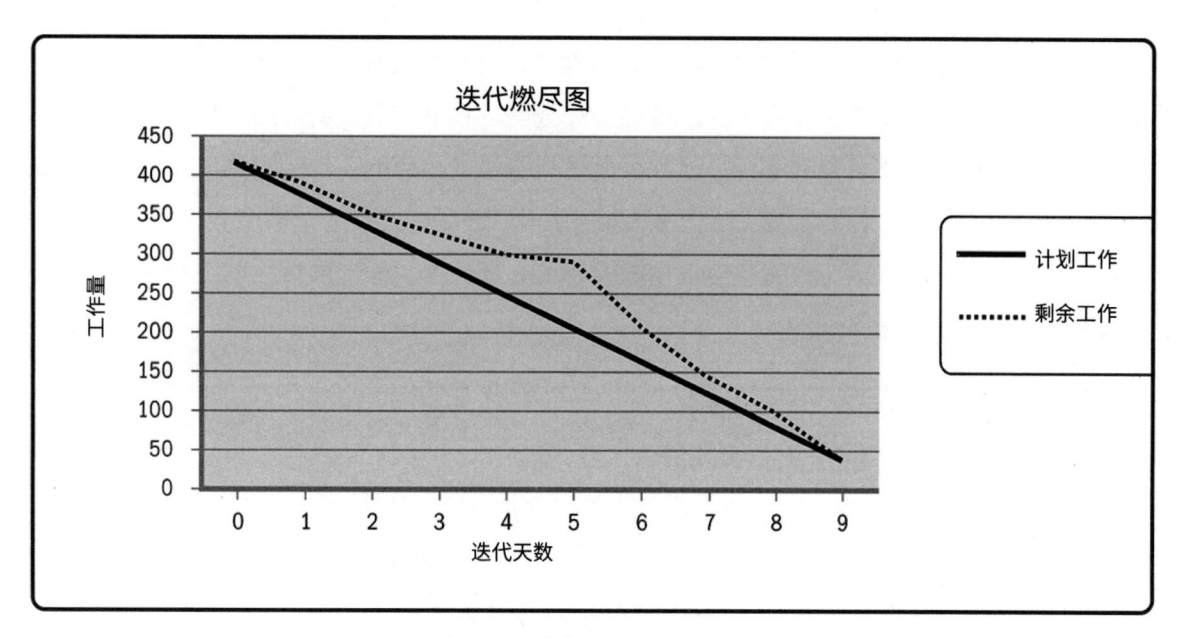

图 2-28 剩余工作的燃尽图

在图 2-29 中，虽然最终达成了目标，但团队的绩效表现并不一致。这可能是通过在每周末强制加班完成每周工作来实现迭代目标的例子。

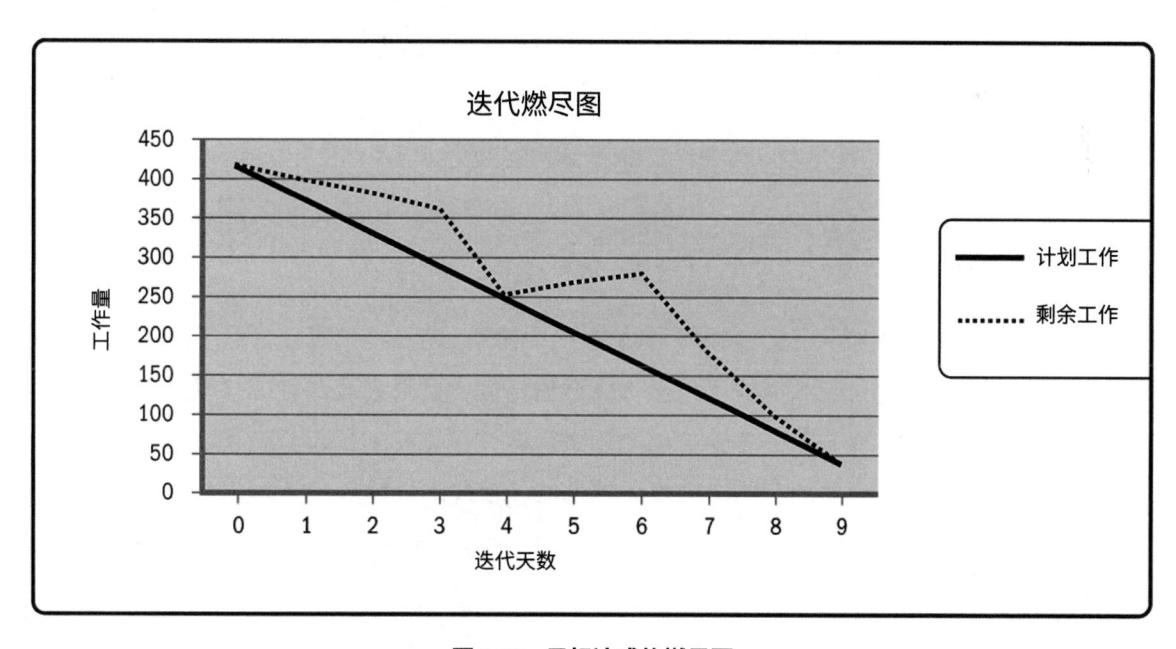

图 2-29 目标达成的燃尽图

第 2 章 进度模型的原理和概念

可以在迭代层面或发布层面绘制燃尽图。虽然通常使用剩余工作来跟踪迭代燃尽图，但使用故事点来跟踪发布燃尽图是一种常见的做法。故事点是实现故事所需工作的度量单位。

相同的数据可以用不同的图形表示，图 2-30 被称为燃起图。燃起图显示已完成的故事点，而不是燃尽图中显示的剩余工作。故事点仅在故事或功能完成时才被视为完成。一些项目团队试图在没有完成实际功能或故事的情况下测量故事点。当项目团队只测量故事点时，他们测量的是项目团队的最大工作量，而不是实际完成的工作量，这违反了敏捷原则，即"进度的主要衡量标准是可以工作的产品"。每个项目团队都有自己的最大工作量。当使用故事点时，请注意，一个项目团队在给定时间内完成的故事点和另一个项目团队是不同的。

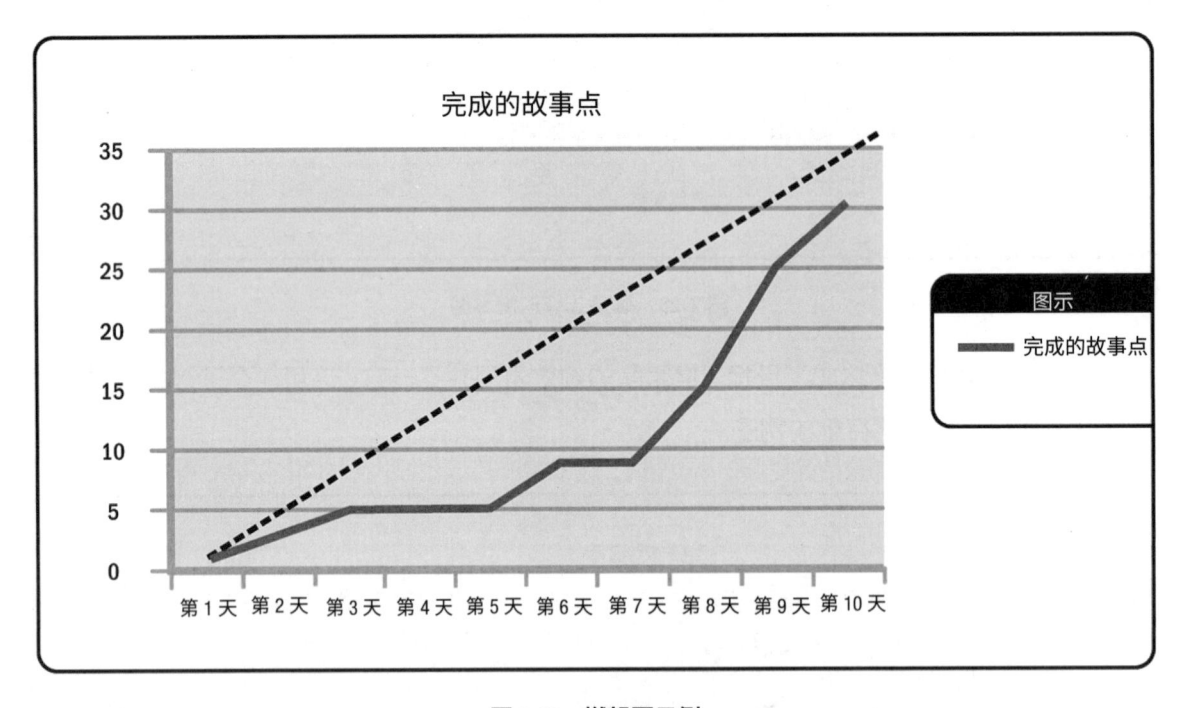

图 2-30　燃起图示例

迭代进度通过使用燃尽图、任务板和每日站会进行跟踪。这三个工具结合起来提供了一个清晰的画面，说明项目团队正在做什么，完成了什么，将要做什么，是否会及时完成，以及什么可能阻止项目团队实现其 Sprint 和/或发布目标。无论使用的是燃尽图还是燃起图，项目团队都可以在迭代过程中看到已完成的工作。在迭代结束时，项目团队能够根据此迭代中完成的内容来衡量下一个迭代周期的工作量（有多少个故事或故事点）。这使项目团队可以估计下一次迭代更有可能交付哪些功能。速度，是指项目团队在过去迭代中的工作量，即实际完成的功能的故事点大小之和，让项目团队能更准确地规划其下一个迭代的工作内容。

发布计划是一种由多次迭代组成的长期的计划方法。通常每 3~6 个月进行一次发布,结果不需要向客户发布,但可以进行内部发布,用来确认系统集成和进行验证。项目团队并不直接将待开发的功能分配出去,相反,项目团队先进行总体估算,以确定在哪些迭代中可以完成哪些功能,以及总体可以完成多少功能。发布计划可以是功能驱动的、时间驱动的或成本驱动的。图 2-31 显示了产品愿景、发布计划和迭代计划之间的关系。

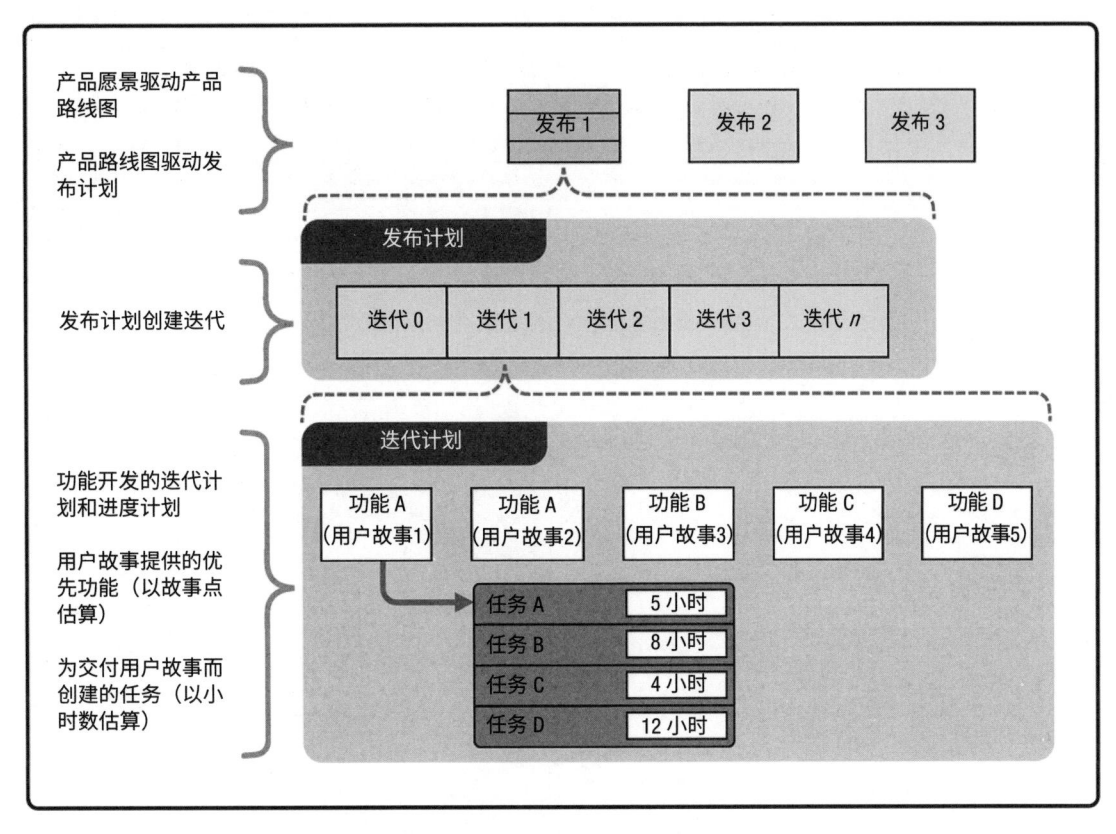

图 2-31　产品愿景、发布计划和迭代计划之间的关系

敏捷依赖燃尽图、燃起图、任务板、待办事项列表、迭代计划、发布计划、路线图和其他度量指标来正式传递关于项目进度、状态和预测的信息。所有其他形式的文档由项目团队自行决定。敏捷的经验法则是,如果文档增加了价值,并且客户愿意为此付费,那么就应该编制该文档。治理(审计、会计等)所需的相关文档可能仍然需要进行编制。

第 3 章

进度模型良好实践概述

本章主要介绍被普遍接受的，用于规划、开发、维护、沟通和报告的高效进度模型的良好实践。本章分为以下几个部分：

3.1 进度模型管理

3.2 进度模型创建

3.3 进度模型维护

3.4 进度模型分析

3.5 沟通和报告

每个部分都包括常见的要求、术语和相关功能。这些部分把第 2 章讨论的进度过程与第 4 章定义的进度管理组件进行了关联。本章阐述了如何创建和维护高效的进度模型，并提供了样例。

3.1 进度模型管理

作为制订项目管理计划过程的一部分，进度管理包含与进度方面相关的项目团队工作。进度管理帮助确保所有适用的项目管理过程组和知识领域都被适当地整合到整个进度模型中。进度管理计划为进度模型的创建提供指导。

进度模型要求的规划和设计方式，与项目的每个可交付成果的规划和设计方式相同。在创建进度模型时，项目团队需要考虑各种因素，使进度模型成为项目管理的有用工具。项目团队使用进度模型来监控项目绩效，沟通有关工作的信息，并将计划工作进度与实际进度进行比较。这些概念是为了支持根据《PMBOK®指南》制订项目管理计划而开发的。

进度管理主要聚焦以下问题：

- ◆ 项目团队成员的培训要求，其中应包括针对进度管理政策、进度管理过程、进度管理软件和技术达成共识。例如，培训要求应涵盖进度报告、识别并记录项目风险，并在进度模型中反映风险应对活动。
- ◆ 进度模型数据管理的过程和程序，如数据格式化管理、版本控制、可访问性、数据存储和检索、灾难恢复和业务连续性等。
- ◆ 与进度模型创建和维护所使用的方法相关的政策。
  - ■ 适用的绩效临界值，通常由关键绩效指标（KPI）定义；
  - ■ 进度状况演示和汇报的内容及频率；
  - ■ 挣值管理（EVM）和挣得进度的实施与集成；
  - ■ 与其他项目管理子计划的兼容性；
  - ■ 与适用的生命周期和由此产生的 WBS 的一致性；
  - ■ 风险跟踪；
  - ■ 活动颗粒度；
  - ■ 对合同规定的义务的考虑；
  - ■ 对资源需求或限制的考虑；
  - ■ 潜在的合同责任（索赔、调解、仲裁、诉讼等）。
- ◆ 应考虑以下领域的过程和程序。
  - ■ 在项目生命周期内规划、更新和维护进度模型；
  - ■ 确定适当周期来评价项目状态；
  - ■ 更新进度模型；
  - ■ 根据沟通管理计划向所有干系人发布进度管理的结果。

3.1.1 进度数据管理计划

在为具体的项目创建一个好的进度模型时，最初应该将重点放在设计上。每个项目都是独一无二的，进度模型因项目而异。项目团队需要定义一些基本的进度模型输入项和预期输出项，确保最低的结构要求，以支持干系人的需求、备份和恢复、灾难恢复以及业务连续性。项目范围、WBS、资源定义（需要时）和其他进度组件应该事先得到定义，以便项目团队在制订进度数据管理计划时不需要再定义这些元素。然而，如果这些项目元素在制订进度数据管理计划时尚未被定义或开发，项目团队则需要在考虑进度数据管理计划之前关注这些元素。

项目团队在制订进度数据管理计划时至少应考虑以下事项：

- ◆ 定义进度计划的用户清单，以及每个用户的访问权限和职责。例如，一些用户提供进度数据，而另一些用户拥有更大的访问权限和管理职能，还有一些用户可能只拥有只读权限，无法添加或修改数据，但可以查看数据并生成报告。

- ◆ 确定进度数据备份的频率（如按天、周或月）。备份是进度数据配置管理的重要组成部分。数据备份的频率通常由干系人的期望决定。这对于业务连续性的概念至关重要，因为它可以在发生灾难性的数据故障时建立有效的恢复期。它决定了在任何给定时间段恢复的数据的准确性。

- ◆ 确定如何检索早期进度计划版本、由谁检索、以何种时间间隔检索，并验证数据检索过程的准确性。常见的错误是执行了备份，但没有检索过程。这将成为业务连续性计划的一部分。

- ◆ 确定进度模型数据的数据留存需求。对于某些项目，法律或当地要求决定了项目数据的存储方式和存储时间。出于审计目的，它应该随时易于访问。

- ◆ 识别与进度数据管理相关的进度模型创建所带来的风险。对于用户遍布全球的项目，不同时区的用户所拥有的随时访问数据的权限，可能导致项目基础设施的可用性与应用基础设施的维护活动（进行修补和升级）之间产生冲突。数据备份、数据复制和高可用性（作为灾难和恢复基础架构中的应急措施）也可能受到影响。

当发生设备故障、数据丢失（被有意或无意地破坏），或者任何类型的灾难时，保护项目中的数据是确保数据可用性、可访问性和可恢复性的关键。

3.1.2　进度管理计划

进度管理计划是过程、方法、模板和工具的集合。这些过程、方法、模板和工具构成了项目的执行策略和目标，反映在项目的进度模型中。每个项目的进度管理计划都是独一无二的，由实施项目的组织定义的要求及项目范围文件组成。进度管理计划定义了如何创建、更新、推进和共享项目进度模型。对于当前已知或未来预期的特定项目因素，进度模型可以预测项目将如何做出反应。良好实践表明，为确保质量，所有进度模型的管理都**应该**遵循特定方法论，该方法论提供了进度模型需求清单。

确定用于报告目的的数据层次结构要求（如沟通管理计划中所定义的），以及这些要求如何影响进度数据管理过程和数据模型。例如，向指导委员会展示的活动类型与向项目经理展示的活动类型是不同的。

进度管理计划需要能够成功实现高效进度管理过程的组件。这样的进度管理计划使项目团队成员能够以一致的方式执行项目。没有进度管理计划的项目往往效率低下，导致更高的成本、更大的风险和更长的项目工期。进度管理计划包括 3.1.2.1 节至 3.1.2.12 节所述的元素。应创建所需文件和数据的总清单，以确保涵盖所有方面。

3.1.2.1　进度计划编制方法

项目团队应有权访问项目文档，该文档定义了组织批准的符合组织和项目要求的进度计划编制方法。通过参照这些文档，进度管理专员可使用由项目团队确定的进度计划编制方法。有关进度计划编制方法的更多信息，请参阅本书 2.2 节。

3.1.2.2　进度计划编制工具

进度计划编制工具的选择基于所选的进度计划编制方法，并应符合与该工具相关的组织和项目要求。为确保兼容性，应仔细考虑所选工具可能带来的任何要求。

3.1.2.3　进度模型创建计划

项目经理、项目团队和关键干系人共同确定进度模型创建计划。主要关注如何创建进度模型以及如何将所有部分整合在一起。需要考虑的主要因素包括：进度计划编制方法和制订进度计划过程中的干系人参与（根据《PMBOK®指南》）。

3.1.2.4 进度模型标识

每个进度模型都需要有一个唯一的特定于项目的标识（不会改变）。进度模型标识允许随着时间的推移跟踪进度模型，并允许对每个模型进行分析和讨论，而不会产生混淆。它还提供了一个极好的、可供日后分析的往期目录。大多数组织都建立了标准的命名机制，允许在项目生命周期中对每个项目进行唯一标识。

3.1.2.5 进度模型实例

进度模型的每个实例都有一个唯一的标识。此标识的位置各不相同，取决于用于控制它的组织过程资产和工具。唯一的进度模型实例标识对于正确归档项目文件和审计流程至关重要。进度管理计划和/或配置管理计划为该组件提供了格式，以确保正确的文件命名、版本的使用和维护，以及不会出现重复命名。

3.1.2.6 日历和工作时间

要先定义默认的项目日历，还要为项目的特定活动或部分（包括资源）定义日历。要定义的一些日历元素包括：

- 一周工作几天。

- 每天工作的班次数。

- 每班或每天工作的小时数。

- 任何计划加班的时间段。

- 非工作时间（如节假日、停工、停电日、限制时间等）。

- 跨地区分布的团队的时区。这一元素与国际项目在其他地点开发和交付产品时的运作方式有关。如果存在时间问题，应该在进度计划中特别规划。应创建特殊的国际日历。

这些日历元素在确定进度计划所需的项目日历的数量和结构方面发挥着重要作用。使用多个日历会给计算浮动时间和关键路径带来极大的复杂性，在跨地区的项目中，情况可能更复杂。虽然通过使用单一日历可简化日程安排，但此日历可能不足以管理跨时区的项目（例如，跨地区分布的团队享有各自当地的假期），或者项目团队有不同工作日程安排。

普遍接受的做法是，根据项目的正常工作时间，制定一个适当且合理的项目日历来执行工作。此项目日历将作为项目活动的默认日历。这种做法允许项目团队根据需要为某些活动安排不同的工作周期或制定不同的日历。

3.1.2.7 项目更新周期和活动颗粒度

更新周期是指报告项目当前状态的固定时间间隔。作为进度管理计划的一部分，需要定义进度更新和状态报告的恰当频率。这包括要确定进度更新发生在项目生命周期的哪个时间点，以及应以何种频率汇报状态。更新周期反映了管理层打算如何使用从进度模型中获得的数据。审查会议的时间安排、管理报告的要求和付款周期通常都与进度更新有关。选定的更新周期应该为管理层提供最佳级别的控制信息，但又不会给报告和分析人员带来过重的负担。最佳更新周期因行业和项目而异——从制造/生产设备的计划检修停机项目的按小时更新，到重大建设项目或软件开发项目的按周或按月更新。选定的更新周期与项目进度计划内活动的持续时间有着直接关系。

经验丰富的实践者通常将更新周期分为两个独立的部分：进度报告和进度维护（在计划中发现不再提供支持或输入错误的问题等）。这有助于将用于进度报告更新的时间缩至最短。

更新周期的选择受多个因素的影响，如项目的变更程度、变更可能对项目产生的潜在影响以及项目的持续时间。对于相对稳定、长期、低风险的项目，每月或每两个月更新状态可能是合适的；对于不稳定、高风险的项目，每次换班时或每过 1 小时都可能需要更新。为了获得最大的可见性和曝光度，这些项目的状态信息可能会被展示在大会议室中。更新的周期时间也应被考虑。在下一次更新之前，项目团队应根据上一次项目更新提供的信息，发布、分析并采取行动。更新周期的确定应与合同或组织过程相协调。

项目团队应该考虑使用哪种时间单位：小时、天、周或月。选择的时间单位取决于监控过程的频率和活动所需的详细程度。在大多数情况下，活动的时间单位在整个项目中应保持一致。然而，特定的项目推进可能需要不同的时间单位，这些时间单位对项目推进应是有效的。

项目活动的颗粒度也是需要考虑的。所谓颗粒度，即考虑进度模型要包含和维护的活动数量。在确定期望的进度规划活动颗粒度时，需要谨记，太多的细节会产生令人困惑的、过大的进度模型，管理起来既困难又昂贵。然而，太少的细节会导致信息不足，并使正在进行中的项目监控更加困难。项目团队应根据不同的项目来确定最佳的详细程度。资源进度需求也会影响进度规划活动颗粒度。进度的详细程度还会影响项目的沟通管理计划。

3.1.2.8 里程碑和活动编码结构

了解报告类型、分析干系人/客户需求，以及管理和监控从进度模型中获得的项目数据的管理计划，对项目编码结构有很大影响。编码能够生成进度视图（见3.5节），并对进度模型中的编码结构提供指导。由于项目分析工具和软件的进步，通常使用特定的编码字段来显示工作在项目中的唯一位置，以便4D模型、基于位置的进度模型（LBS）和其他报告工具可以直观地显示项目进度。

设计良好的编码结构还有助于通过分组、选择和排序来分析项目绩效数据，以凸显趋势和异常。编码有助于创建和维护沟通管理计划中确定的进度模型，并有助于满足项目报告要求。

使用与活动标识不同的、完善且周密设计的活动编码结构是至关重要的。对于每个活动，可以使用多个代码对活动进行编码，每个代码都有一个单独的值，这允许针对不同目的定制输出。例如，代码可用于识别项目阶段、子阶段、工作地点、项目事件、检验点、重大成就、供应来源、设计来源以及负责执行活动的人员或组织。这些代码可以单独使用，也可以以各种方式结合使用。为了实现灵活性和增强功能，大多数进度软件支持为每种活动设置多个代码。

结构化的活动编号或标识方案应该成为项目整体编码设计的一部分。结构化活动标识系统的使用，让进度计划的使用者通过掌握活动标识所代表的重要性，来更好地理解特定活动如何融入全局。例如，标识方案可以与项目WBS关联。至少，活动标识必须是唯一的，并遵循适合项目的方案。

3.1.2.9 资源计划

进度模型应该包括识别完成活动所需的资源。资源可以是任何类型的（如人力资源、机器、物料、位置等）。进度管理计划确定了资源规划和资源管理所需的要素。主要考虑的是资源可用性、资源日历和资源技能需求。了解项目的关键资源及其可用性如何影响项目进度，有助于更好地管理整个项目。

资源可用性、人力资源技能水平以及给定资源可用的日期和工作周期数（以日历单位计）对项目有重大影响。在将特定的资源加载到进度模型中时，随着时间的推移，确定特定的资源需求是非常关键的，包括项目开始时对资源需求的逐步上升、资源需求的顶峰时期和项目结束时对资源需求的合理下降。这些因素还有助于识别和理解关键问题，并减轻对整个项目的负面影响。管理人员可以根据资源加载曲线和报告查看预测结果，以确定进度计划是否可以实现，或者项目结束日期是否应该调整。这些资源加载曲线和模型生成的数据还能帮助管理人员了解项目可能受到的外部因素（如飓风等）的影响。虽然进度模型的资源加载不是必需的，但这是一个良好实践。在确定活动持续时间和活动顺序时，项目团队应该考虑资源。加载了资源且保持资源平衡的进度计划，清楚地表明了资源可用性对项目工期和成本的影响及它们之间的依赖关系。

3.1.2.10 关键绩效指标

为了让干系人了解项目是如何执行的，许多项目都包含多个关键绩效指标（KPI）。这些指标可以让项目团队测量项目进展，并监控项目实现预定义目标的绩效（如绩效评级、进度健康状况、EVM 和挣得进度）。绩效问题和进度健康状况可以包括对以下方面的跟踪：

- 在给定的时间段内，活动开始和结束的数量与预期数量的对比；
- 正在进行中的待办事项；
- 活动持续时间增长百分比；
- 增加或删除的活动数量；
- 解释和描述项目绩效的任何其他类型的指标。

EVM 可以在单个集成系统中结合范围、进度和成本进行度量，从而提供基于成本的指标。在项目的早期阶段使用 EVM 分析可以加快进度，提高成本基准的正确性和有效性。建立基准，有助于理解项目执行过程中的项目绩效。EVM 可以扩展到挣得进度的概念，挣得进度提供基于时间的评价指标，以作为项目绩效（基于成本的评价指标）的补充。有关 EVM 和挣得进度的更多信息，请参阅本书 3.4.12 节和《项目挣值管理标准》[5]。项目沟通管理计划通过监控指标来表明需要重点监控的领域。这些领域通常是管理人员认为与项目最终成功或失败直接相关的特定项目可交付成果或方面。

3.1.2.11 主进度模型

设计和创建项目的进度模型，可以将项目设计为包含子项目的主项目。大的主项目可以分为多个子项目，每个子项目由一个子团队负责。子项目可以按阶段划分（工程、生产、测试和集成）、按地理位置划分（全球分布的团队），或者按合同策略划分（如多个项目或多个项目经理）。子项目之间应该以确定的交付/验收或接口点相互连接，以确保计划之间的集成。进度管理计划定义了用于创建、管理和监控主进度计划、子项目和项目间相互依赖关系的步骤。

3.1.2.12 变更控制

项目变更是不可避免的，因此针对如何处理变更进行规划是至关重要的（见《PMBOK®指南》第 1 部分 4.6 节）。因为项目是高度动态的，而且变更可能在项目中频繁发生，所以项目团队需要规划并管理变更。良好的进度管理实践可以确保，当由于项目变更而对项目进度安排进行修改或调整时，能够识别并标记受影响的进度活动及其带来的风险，并与配置管理计划中的具体变更相关联。当变更导致额外的工作并可能影响项目进度或成本时，这一点尤为重要。在使用进度基准（在后面的章节中进行讨论）进行对标时，这也是非常关键的。

3.2 进度模型创建

本节对创建良好进度模型的基本元素进行了概述。本实践标准第 4 章的组件列表介绍了每个组件的良好实践。强烈建议读者查阅第 4 章，以理解每个组件的所有相关方面。考虑进度模型管理章节提到的所有信息、过程和限制是至关重要的。

进度模型为项目经理和项目团队提供了一个有用的详细计划，可协助他们成功完成项目。项目团队创建与进度管理计划相一致的进度模型，并将其作为工具。进度模型反映了项目团队对项目将如何执行，以及随着时间的推移项目将如何应对变更的愿景。在整个项目生命周期内，项目团队还要根据变更（如进度、范围等）适当地修改进度模型。一个成熟的进度模型是一个动态工具，为何时能完成项目的剩余工作提供合理预测。它允许项目团队查看项目到目前为止的绩效，并使用该数据对尚未完成的项目工作做出更为准确的预测。一旦项目完成，进度模型又成为经验教训总结活动的依据，由此总结的经验教训将成为未来执行类似项目的基础。如果项目需要进行论证性进度分析，那么进度模型也是一个关键组件。

进度模型描述了：

- 要完成的工作（何事）。

- 完成工作所需的资源（何人、何事和何时）。

- 基于资源可用性和资源生产力的活动持续时间（多久）。

- 基于活动间的逻辑关系、资源可用性和项目日历的最优活动顺序（何时）。

完成工作的方法（如何）由项目管理计划中的其他文档进行定义。创建一个切实可行的进度模型是关键的早期工作之一。在创建进度模型时需要重点考虑的问题包括：

- **确保项目需求得到理解和满足。** 项目团队审查并了解项目的范围，这为制定 WBS 提供了指导。项目范围为创建进度模型提供了所需的背景和信息。目标是确保项目执行的所有方面都得到充分定义，并且包含在进度模型中。进度模型中的活动代表产出可交付成果的工作或 WBS 中定义的工作包。因此，WBS 中的所有工作包都应该可以直接追溯到一个进度活动或一组活动。进度活动通常可以用 WBS 的层次结构进行组织。反过来说，每个活动应该只对应一个 WBS 元素。

- **验证资源的可用性和资源分配。** 项目团队极大地受益于加载资源的进度计划。在进度模型创建过程中，验证资源的可用性和资源分配是很重要的。可以根据需要提前规划完成项目活动所需的人力、材料、设备和基础设施，并减少可预见的问题。一个可行的进度模型假设有足够的资源并可以按照计划完成活动。然后在进度模型上加载资源就变得容易许多，因为资源需求曲线、燃尽图和其他以资源为中心的报告已经可用了。有关资源的更多信息见《PMBOK®指南》（第9章）。与使用活动编码对活动进行分类和组织的方法相同，可以使用资源编码（属性）并按照组织、技能水平或类型、报告结构等对资源进行分类。此外，资源标识（资源ID）可以被设计成有意义的格式，与活动标识（活动ID）类似。

3.2.1 制定进度模型基准

良好的进度模型的创建是通过持续地应用行业良好实践来实现的。随着时间的推移，获得的经验有助于选择满足进度模型设计需求的正确方法。3.2.1.1节至3.2.1.9节将对其中的关键步骤进行说明。

3.2.1.1 定义里程碑

一旦对前面讨论的项目数据的总体结构有了了解，就可以开始设置项目里程碑。里程碑的持续时间为零，不需要为其分配资源，它可以作为衡量进度的基准，还可以反映各项目事件的开始时间和完成时间。一般来说，里程碑代表项目的一部分或某个可交付成果的开始或完成。它还可能与外部约束相关联，如需要特定的批准或特定可交付成果的交付。每个项目都应该有一个开始里程碑和一个完成里程碑。有关开始里程碑和完成里程碑的示例，请参阅本书3.5节。在创建进度模型初期，项目有一个初始里程碑列表。这个列表可能来自客户、团队成员或其他干系人。随着进度模型的发展，会根据需要添加新的里程碑。这是一个迭代的过程。（注意：在某些情况下，可能在定义里程碑之前定义活动。）

3.2.1.2 定义项目的活动

根据WBS创建完成项目所需执行的活动列表，并由负责执行活动的团队详细说明。这些活动应该反映预期的执行顺序，还应该反映工作将如何进行。活动是可测量的独立元素（或工作块），是项目范围的有机组成部分。活动是为产生项目可交付成果而进行的具体行动。定义清晰的活动的特征包括：

- **活动负责人。** 完成活动可能需要多种资源；但是，只有一个人对其绩效负责。这个人还应负责报告活动的进展情况。

- **活动描述。** 描述了需要完成的工作。举个例子，每个活动描述都以一个动词开头，并包含一个唯一的、具体的对象。"浇筑墙体"只是对任务的描述，活动描述需要更加具体。形容词可能有助于澄清歧义。例如，"从 X 到 Y 浇筑东面墙体"或"检查第 3 章的术语"，每个活动描述都应该是独一无二的，不应该有引起歧义的可能；也就是说，活动描述应该被没有歧义地识别，并且应该独立于进度视图组或组织。

- **工作活动的连续性。** 活动所代表的工作一旦开始，就应能够持续而不中断地完成（日历中自然存在的非工作期间除外）。当一项活动的工作被暂停或延迟时，在自然断点将该活动分成两个或多个活动通常是有益的。

- **活动持续时间。** 通常，活动持续时间应少于更新周期的两倍。这样就能在一个或两个更新周期内报告活动的开始和完成情况，使管理人员能够更好地关注进度绩效并在需要时及时采取纠正措施。该一般规则的例外情况就是连续性活动，其中一些活动定义如下所示。

■ **汇总活动。** 汇总活动是指将进度模型中的一些公共属性集合在一个单一活动中，可以通过多种方式创建：

  ○ 第一个例子是，项目没有足够的信息将活动描述或从广义上说要执行的工作分解成更详细的内容，或者不希望在更低的细节级别上跟踪它们。例如，挖一条 2 公里长的隧道或铺设几公里长的高速公路。如图 3-1 中的第一个活动，在本例中，该活动只反映挖隧道工作的整个持续时间。

  ○ 第二个例子是，将所有类似活动打包成一个汇总活动，如图 3-1 所示。在本例中，A 组和 B 组的活动由上方的条形图进行汇总，以反映该条形图下显示的活动内容并将其编码到合适的组。请注意，汇总活动的开始日期和完成日期反映了最早开始日期和最早完成日期，而不是最晚日期；此外，汇总活动的持续时间与组内活动从开始到结束的时间一致。有些软件程序可以在软件中自动完成活动汇总。在此过程中，软件会根据特定的规则汇总活动数据，并用跨越一段时间的条形图来表示这些活动。充分理解特定的软件程序进行活动汇总的方式是非常重要的，可以防止出现不准确或令人困惑的数据。

○ 第三个例子是，超过两到三个更新周期的活动。例如，由项目外部人员执行并于特定日期在现场进行的采购活动。在事件发生之前，其工作状态不应包含在进度计划中，只能将时间考虑在进度计划中。可参见图 3-1 中的最后一个活动。

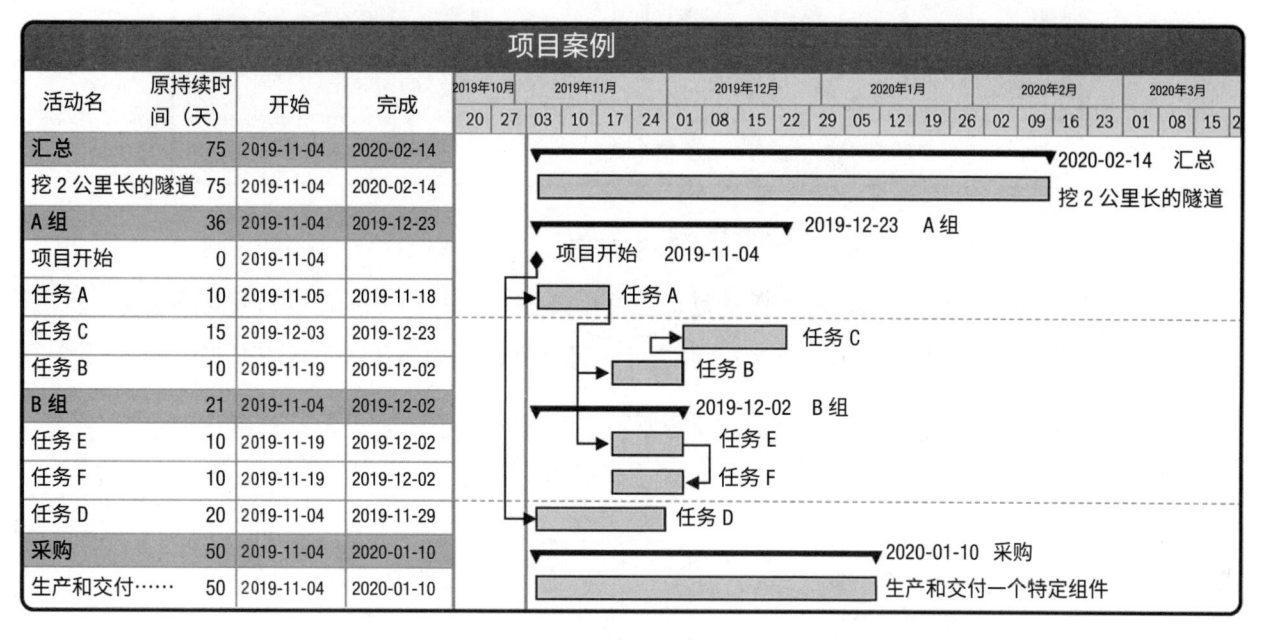

活动名	原持续时间（天）	开始	完成
汇总	75	2019-11-04	2020-02-14
挖2公里长的隧道	75	2019-11-04	2020-02-14
A 组	36	2019-11-04	2019-12-23
项目开始	0	2019-11-04	
任务 A	10	2019-11-05	2019-11-18
任务 C	15	2019-12-03	2019-12-23
任务 B	10	2019-11-19	2019-12-02
B 组	21	2019-11-04	2019-12-02
任务 E	10	2019-11-19	2019-12-02
任务 F	10	2019-11-19	2019-12-02
任务 D	20	2019-11-04	2019-11-29
采购	50	2019-11-04	2020-01-10
生产和交付……	50	2019-11-04	2020-01-10

图 3-1　汇总活动

- 支持型活动。支持型活动（LOE）被纳入进度计划中，以在一段时间内跟踪、说明和分配资源。然而，支持型活动并不能完成一个具体的可交付产品。支持型活动的一个例子是，为项目管理提供行政支持的活动。在这种情况下，支持型活动的持续时间应该反映它所支持的活动的持续时间。通常，支持型活动不应该出现在项目的关键路径上，也不应该决定项目完成日期。当一些支持型活动被给予与整个项目长度相等的静态持续时间时，需要特别注意这些活动，它们永远不应该在关键路径上结束，也不应该成为关键路径上的活动。由于支持型活动的本质特性，它们不能缩短项目持续时间，也不能处于关键路径上；它们的本质就是支持型的。以这样一种方式定义支持型活动，即它们的持续时间来自其所支持的详细活动，这是一个良好实践。通常，支持型活动的持续时间是由它的逻辑关系决定的，这些逻辑关系决定了它的开始和完成时间，通常展现为开始—开始（SS）紧前关系和完成—完成（FF）紧后关系，没有其他关系（见图 3-2）。在使用 2.2.4 节中描述的滚动式规划方法时，支持型活动的完成即表示其包含的所有支持项目的活动已 100% 完成，而不需要详述这些子活动。不应该在支持型活动上执行资源平衡。不应该对支持型活动设置约束条件。支持型活动可以有它自己的资源和日历，用来确定支持型活动的开始和完成日期。

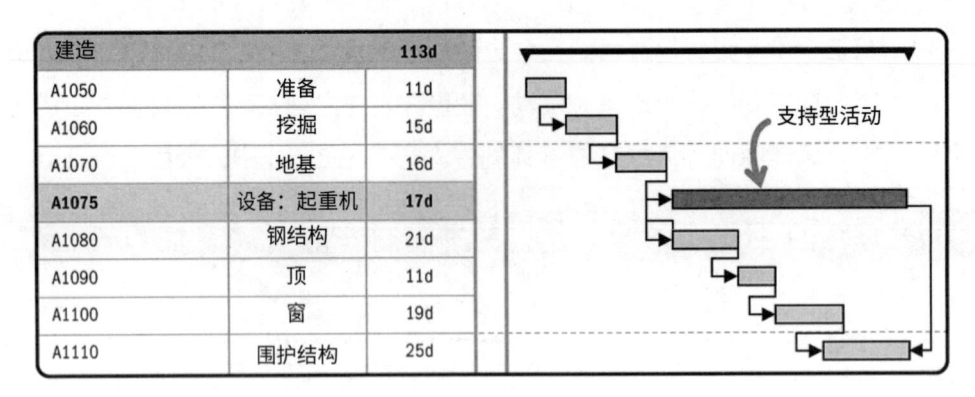

建造		113d
A1050	准备	11d
A1060	挖掘	15d
A1070	地基	16d
A1075	设备：起重机	**17d**
A1080	钢结构	21d
A1090	顶	11d
A1100	窗	19d
A1110	围护结构	25d

图 3-2　支持型活动

- 悬空活动。悬空活动是一种桥接活动，它使用并受 SS 和 FF 关系的限制来支持活动。支持型活动不同于悬空活动，因为支持型活动可以用更多类型的逻辑关系与它们相连（见图 3-3）。

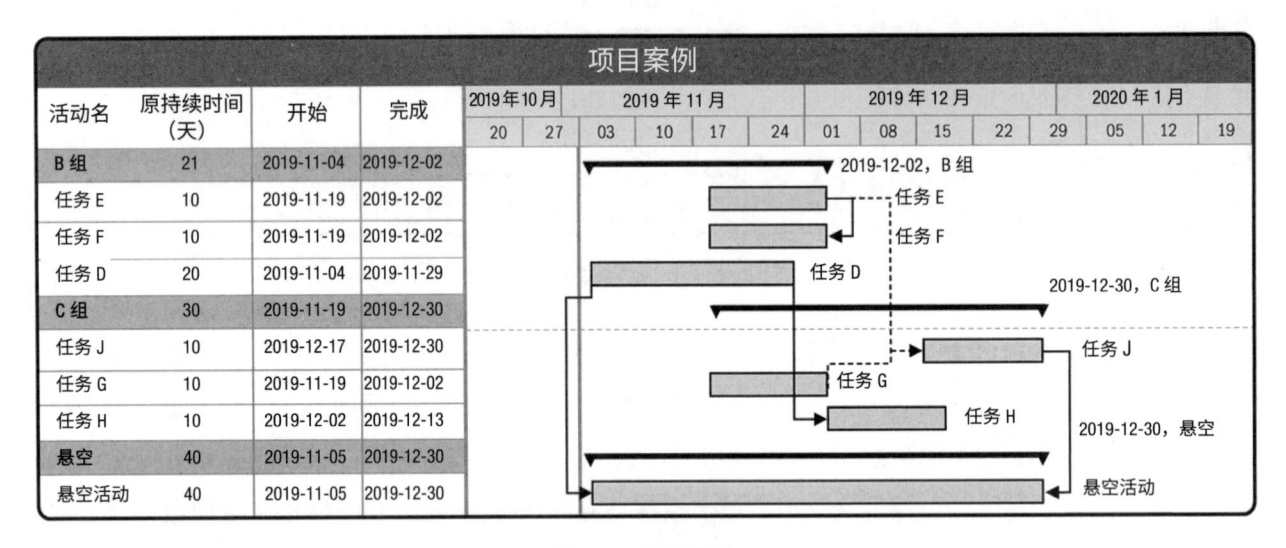

活动名	原持续时间（天）	开始	完成
B 组	21	2019-11-04	2019-12-02
任务 E	10	2019-11-19	2019-12-02
任务 F	10	2019-11-19	2019-12-02
任务 D	20	2019-11-04	2019-11-29
C 组	30	2019-11-19	2019-12-30
任务 J	10	2019-12-17	2019-12-30
任务 G	10	2019-11-19	2019-12-02
任务 H	10	2019-12-02	2019-12-13
悬空	40	2019-11-05	2019-12-30
悬空活动	40	2019-11-05	2019-12-30

图 3-3　悬空活动

3.2.1.3 排列活动顺序

活动和里程碑的逻辑顺序是所有进度模型的基础。活动间的连接方法被称为逻辑关系。项目中的每个活动和里程碑，除了第一个活动（没有紧前活动）和最后一个活动（没有紧后活动），都应该至少与一个紧前活动和一个紧后活动相连。除了项目开始的里程碑，一个紧前活动需要在它的任何紧后活动开始之前开始或完成，反过来，该活动应该全部或部分完成，才能允许另一个活动开始。

这些不同类型的逻辑关系的例子如图3-4所示。通常，每个紧前活动在其紧后活动（一个或多个）开始之前完成。这就是所谓的完成—开始（FS）关系。有时有必要将活动重叠。在这种情况下，可以选择使用开始—开始（SS）、完成—完成（FF）或开始—完成（SF）关系。图3-4给出了CPM中四种逻辑关系的示例。详细的进度模型中的大多数逻辑关系（或在某些情况下所有逻辑关系）都是FS关系。FS关系可以为进度模型提供最简单、最不复杂的计算。要使用其他类型的逻辑关系时，应该保持谨慎，并了解这些关系是如何在进度编制工具软件中实现的。理想情况下，排列所有活动的顺序，使每个活动的开始与它的紧前活动有逻辑关系，每个活动的结束与它的紧后活动有逻辑关系。

这些做法可以防止进度模型受到开口的困扰。见3.4.5节中的开口活动和假性开口活动的举例。

滞后量也可以分配给某些逻辑关系。滞后量发生在一个紧前活动和一个紧后活动之间。加注在SS关系上的滞后量让紧后活动推迟开始，加注在FF关系上的滞后量让紧后活动推迟完成。例如，如果一个活动有一个+5天滞后量的SS关系，那么紧后活动将在紧前活动开始5天后才开始。进度管理专员应该小心使用滞后量，并了解其影响。滞后量应该只在实际需要延迟时使用，表示不进行实际工作，虽有持续时间但不分配资源。滞后量不应该用来表示工作实际发生的一段时间。例如，在下一阶段开始前对文件进行审查，建议将这种类型的工作确定为进度模型中的活动，不建议使用滞后量。当记录这些活动时，可以对它们进行编码，以表明这些活动是另一方（如客户）负责的。这些活动有时也被称为进度可见任务（SVT）。这一做法能够更好地控制项目，并在特定实体影响项目时变得更明显。

在进度模型中使用多个日历可能会影响进度模型滞后量的计算。此外，了解不同的软件包如何处理多个日历也是非常重要的。

为了使活动或里程碑在某个特定时间点开始或结束，还可以给它们设置约束条件。必须研究要使用的各种类型的约束，并了解它们的使用对进度模型的影响，以及相互之间的细微差别。普遍接受的做法是，不应该用约束和滞后量来替代活动和关系。但是，一般认为使用约束是履行合同义务所必需的。

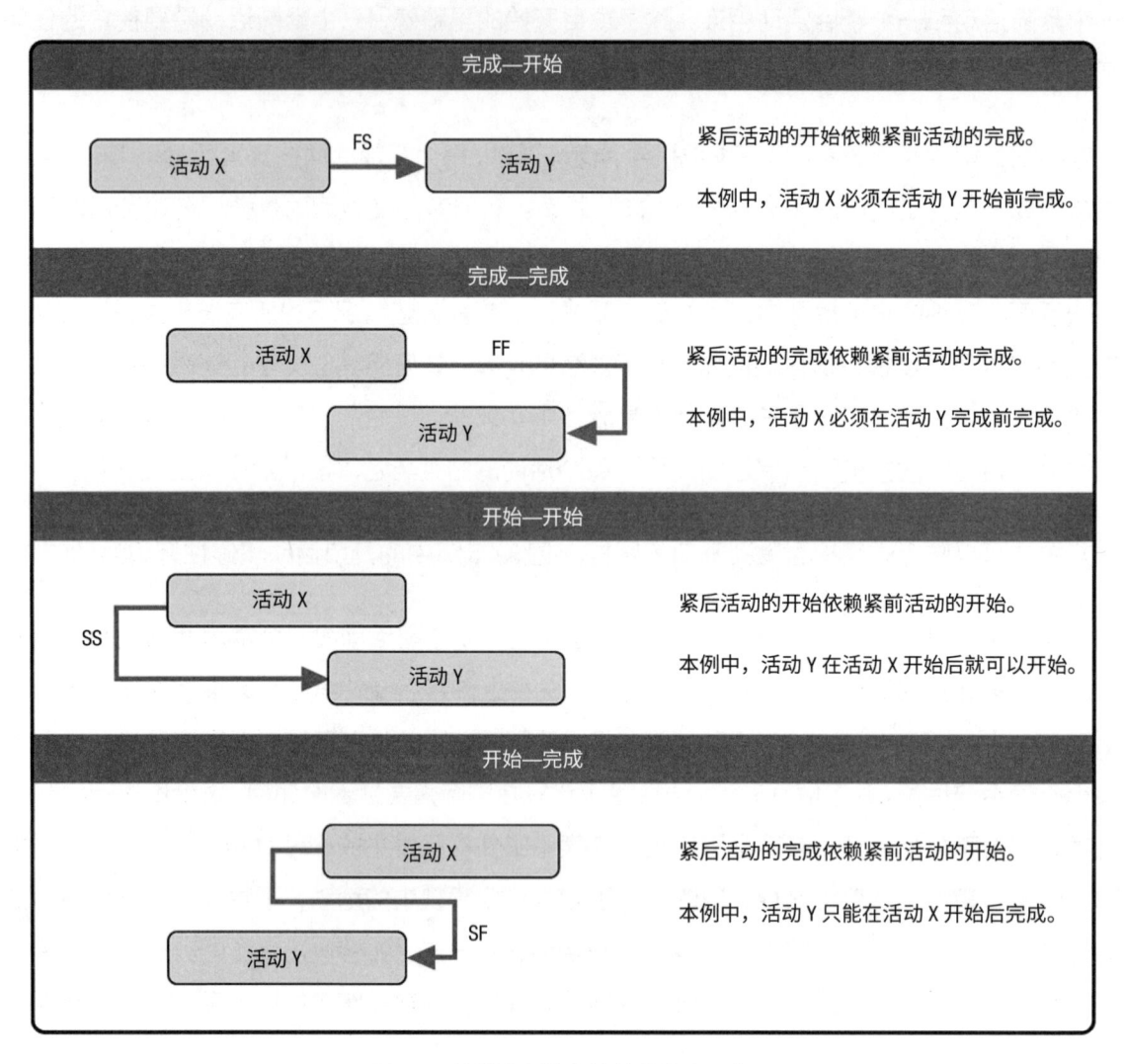

完成—开始	
活动 X —FS→ 活动 Y	紧后活动的开始依赖紧前活动的完成。 本例中，活动 X 必须在活动 Y 开始前完成。
完成—完成	
活动 X —FF→ 活动 Y	紧后活动的完成依赖紧前活动的完成。 本例中，活动 X 必须在活动 Y 完成前完成。
开始—开始	
活动 X —SS→ 活动 Y	紧后活动的开始依赖紧前活动的开始。 本例中，活动 Y 在活动 X 开始后就可以开始。
开始—完成	
活动 X —SF→ 活动 Y	紧后活动的完成依赖紧前活动的开始。 本例中，活动 Y 只能在活动 X 开始后完成。

图 3-4　关键路径法中的关系类型示意

除了最初的开始里程碑，每个活动都应该有一个驱动紧前关系（FS 或 SS）的紧前活动（简称?S 关系），并从逻辑上决定活动应该何时开始。与之类似，每个活动（不包括最终完成里程碑）也应该通过 FS 或 FF 的紧后关系（简称 F?关系）驱动紧后活动，如图 3-5 所示。注意，"？"可以用来表示开始（S）或完成（F）类型的关系。

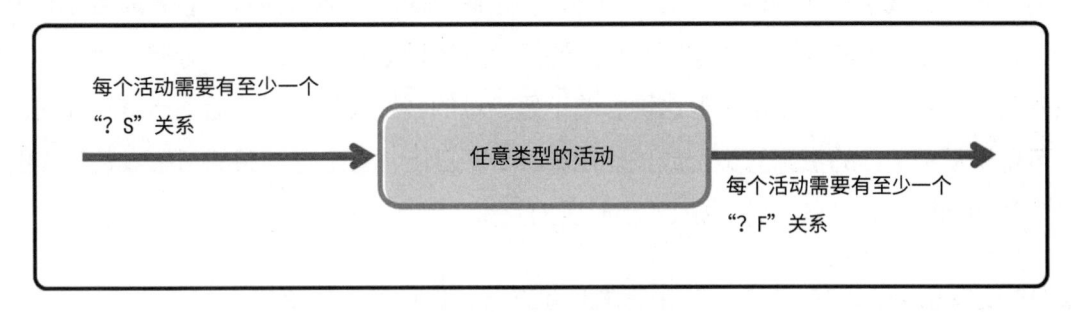

每个活动需要有至少一个"？S"关系 → 任意类型的活动 → 每个活动需要有至少一个"？F"关系

图 3-5 必要的活动关系

当进度计划中的活动不存在这两种类型的逻辑关系时，这些活动就被称为"悬空活动"或"开口活动"。这就产生了不确定性，并且很可能将无效的数据带入进度模型中，导致产生不准确的项目信息。请参阅 3.4.5 节了解更多细节。

3.2.1.4 确定活动资源

估算活动资源是确定执行每项活动所需的材料、劳动力、设备或基础设施的类型和数量的过程。当项目在资源方面受到限制，并且项目持续时间可能受到资源影响时，应该将资源情况整合到进度模型中。尽管有时两个过程会一起执行，但估算活动资源过程应该在估算活动持续时间过程之前完成（有关资源可用性问题的更明晰的解释见《PMBOK®指南》）。高级设计人员完成活动所需的时间与初级设计人员完成相同活动所需的时间可能有很大不同，从而影响活动的持续时间和活动输出的质量，最终影响项目的成本。在一些项目中，特别是那些范围较小的项目，定义活动、排列活动顺序、估算活动资源、估算活动持续时间、建立进度模型紧密地联系在一起，以至于它们被视为一个单一的过程。此外，如果项目团队没有考虑资源情况，那么资源可能会影响关键路径。

3.2.1.5 确定活动持续时间

持续时间是对完成活动所需的工作时间的估算。在使用团队资源的情况下，完成活动需要的可用资源数量，以及这些资源的标准或预期生产率，通常决定了活动的持续时间。分配给活动的主要资源的更改将对活动持续时间产生影响，但这种影响不是简单的线性关系。影响活动持续时间的其他因素还包括：可用于承担工作的资源的类型或技能水平、资源日历、与工作相关的风险以及工作的内在特性。不管资源如何分配，有些活动（如 24 小时压力测试）都需要一定的时间来完成。

虽然估算活动持续时间的工作可以在任意时间进行，但被普遍接受的良好实践建议先定义活动，然后根据活动的逻辑关系进行排序，接着关注活动资源和持续时间的估算。这时便能更好地理解活动持续时间和工作任务之间的关系，因而可以开始确定资源流动、活动团队规模等。活动的持续时间和成本之间的关系是在对成本和进度的估算或假设的基础上明确的。在进度模型维护期间，当进度持续时间发生变化时，应实时更新文档。更多信息请参阅 3.3 节和 3.4 节。

进度管理专员应该理解进度模型所使用的方法，以便规划与估算活动持续时间相关的活动。有两种类型的进度模型：

- **确定型进度模型**。确定型进度模型是由逻辑依赖关系连接的活动网络，描述了要执行的工作、静态持续时间，以及在一切按计划进行的情况下项目的计划完成日期。
- **概率型进度模型**。概率型进度模型包括确定型进度模型的所有要素，只是在预分配的活动的最小和最大活动持续时间中使用随机变量进行计算，并考虑适当的概率分布。

有关估算活动持续时间的更多信息，请参阅《项目估算实践标准》[7]。有关使用概率型进度模型进行项目风险分析的最佳实践的更多信息，请参阅《项目组合、项目集和项目中的风险管理标准》[6]。

3.2.1.6 分析进度模型的输出

一旦完成前述步骤，进度模型就包含了一组独一无二的活动，它们各自具有不同的持续时间，并通过定义的逻辑关系连接起来。进度模型向项目团队提供了关于需要完成什么工作以及通过怎样的工作顺序可以完成项目可交付成果的信息。然而，此时的进度模型并没有具体说明应该在什么时候进行这些不同的活动。为了获取这些信息，应该使用进度计划编制工具，根据所选的进度计划编制方法，计算进度模型中的日期和其他数据。进度模型一般需要三个步骤来进行时间分析，当使用资源平滑或资源平衡时，则需要第四个步骤。具体的步骤如下：

- **第1步，为开始里程碑分配开始日期。** 在进度网络上根据逻辑关系定义的顺序，从左到右地将一个活动延伸到另一个活动，根据设定的活动持续时间，为每个活动和里程碑标注相应的开始日期和完成日期。这个过程被称为顺推。每个活动上的开始日期和完成日期分别被称为最早开始日期和最早完成日期，当分析至活动网络的结尾时，可以根据设定的活动估算持续时间和逻辑关系，得到项目可能的最早完成日期和项目最短持续时间。

- **第2步，为结束里程碑分配完成日期。** 这个日期可以是根据顺推得到的完成日期，也可以是另一个项目约束条件的日期。然后根据网络关系，从右到左，即由后往前进行运算分析，直到项目的第一个里程碑，从而为每个活动得到另一个开始日期和完成日期。这个过程被称为逆推，可以获得每个活动和里程碑的最晚开始日期和最晚完成日期。最晚开始日期和最晚完成日期表示每个活动在不使项目完成日期延迟的情况下可以最晚开始和最晚完成的日期。

- **第3步，通过比较最早日期和最晚日期来计算浮动值**（详见3.4.2节）。
  - 总浮动时间。用最晚完成日期减去最早完成日期（或最晚开始日期减去最早开始日期），来计算总浮动时间。如果总浮动时间为负数，意味着不改变进度计划是不行的。
  注意：总浮动时间反映在每个活动上，但实际是从整个项目中派生出来的。它表示项目的关键路径可能会滑动（或需要补偿），以满足期望的项目完成日期。该数值在项目特定路径上的所有活动之间共享。因此，该路径上的任何活动都可以根据需要使用部分或全部浮动时间，或者补偿部分或全部浮动时间。
  - 自由浮动时间。计算自由浮动时间的方法是，将当前活动最早的紧后活动的最早开始日期减去当前活动的最早完成日期。自由浮动时间永远不会是负数。
  注意：自由浮动时间表示紧前活动可以滑动，但不影响紧后活动的时间量。

- **第4步，进行资源平衡。** 一旦计算出浮动时间数值，就可以进行资源平衡工作，以减少资源过载的可能或资源需求的波动。如果这个步骤是自动进行的，那么需要先决定使用什么过程和算法。

    大多数进度计划编制工具软件有多个选项和设置，这些选项和设置会对资源平衡后的进度产生显著影响。无论进度计划编制工具软件如何设置，都需要在允许由资源平衡引起的延长项目总持续时间和允许在初始计划上增加资源之间进行权衡。资源可用性可以通过向团队添加更多的资源或进行加班来提高。

在完成总体资源平衡工作前，必须对整个活动过程中的所有资源分配情况进行完整检查。在确定资源平衡解决方案后，根据需要对进度逻辑进行手动调整（例如，增加或减少活动持续时间，添加或删除逻辑关系，或者插入或删除逻辑关系上的滞后量或资源）。使用约束条件来锁定资源平衡并不是一个良好实践，因为这会干扰正常的进度计算。

3.2.1.7 批准进度模型

项目团队应审查初始进度计划过程产生的结果，以确定进度模型的可接受度。审查工作应考虑以下内容：

- 由分析得到的项目结束日期。
- 里程碑完成日期。
- 关键路径（项目的最长路径或约束条件下的最长路径）。
- 总浮动时间和资源需求（项目生命周期中的资源消耗率）。
- 相对于资源可用性的资源增长率。

当需要修改进度计划时，项目团队对进度的逻辑关系、资源分配和/或持续时间进行修改，然后重新分析整个进度计划。最常见的修改操作包括减少进度计划的总持续时间或调整资源加载。用于压缩进度的关键方法是赶工和快速跟进。

- **赶工**。赶工包括向关键活动添加资源以缩短其持续时间（可能会也可能不会增加成本），或者以其他方式花钱以缩短活动持续时间（如加快部分工作）。当考虑添加资源以减少活动持续时间时，赶工仅对人力驱动的活动有效。赶工应该只在关键路径上的活动上执行，只在那些性价比最高的活动上执行。就某些方面而言，赶工通常会增加项目成本。
- **快速跟进**。快速跟进是指重叠执行部分关键活动，而不是严格按照逻辑顺序来执行。快速跟进增加了返工的风险，因为在初始的紧前活动完成之前就开始了活动的执行（见《PMBOK® 指南》第6章），并且可能导致合同工作顺序的变更数量增加。

这两种方法都可能需要在成本与进度日期之间进行权衡。这样的迭代过程将持续进行，直到创建出一个可接受的进度模型——一个关键干系人都认同、可以实现项目目标并负担得起的进度模型。

进度管理计划中定义了批准进度模型基准的正式过程。

3.2.1.8 确定进度模型基准

一旦达成共识并获得批准，就产生了进度模型的第一个实例，被称为基准进度模型。这是一个编制完成的版本，并已被批准用于进行进度跟踪或复制以供将来参考。基准将成为衡量项目绩效的标杆。每个项目在开始执行之前，都应有一个基准进度模型，这是一个被普遍接受的良好实践。基准通过正式程序得到批准后，需要根据项目沟通管理计划对项目进度进行报告，基准的变更将被完整的变更控制过程和配置管理监控。基准进度模型信息允许确定初始的项目关键路径，以及识别项目进度风险。有关更新和修订进度模型基准的额外信息，请参阅 3.3.5 节。

3.2.1.9 进度计划分级

可以在不同的级别制订和定义进度计划。在项目的总进度模型中，项目团队应为各级别的进度计划制定相应的颗粒度规则。应当注意的是，进度计划级别可以根据方法（如敏捷）、实践者和组织对于进度管理的要求而改变。本书 3.5 节包含了为不同进度计划级别的受众制作的进度报告范例。每个级别的进度计划都有其目的和内容：

- **0 级——项目级**。该级进度计划以一根线代表整个项目，通常用于比较项目组合或项目集中的项目。此进度计划级别的受众包括但不限于战略合作伙伴（如客户）、高级管理人员、项目组合/项目集经理和运营经理。

- **1 级——常务级**。该级进度计划属于高级别的进度计划，包括正在执行的项目的关键里程碑和按主要阶段、关口或项目汇总的活动。它通常以柱状图的形式呈现，可能源自关键元素的表格或图形，但最终应该由包含整个项目生命周期内工作进展的汇总数据来支持。1 级进度计划为决策过程提供高级别项目信息（进行/不进行项目优先级排序和项目的重要性）。此进度计划级别的受众包括但不限于客户、高级管理人员和总经理。

- **2 级——管理级**。该级进度计划通常是为沟通项目整个生命周期的交互工作而编写的。2 级进度计划可能反映了关键可交付成果和项目参与者（如承包商、咨询顾问、架构师、工程师等）之间的接口，这是完成预定的可交付成果所必需的。2 级进度计划通常以柱状图的形式呈现，提供了有助于项目决策过程的高级别项目信息（项目可交付成果的优先级和重要性的重新排序），并从更详细的进度计划中汇总数据。此进度计划级别的受众包括但不限于客户、总经理、发起人、项目集经理或项目经理。

- **3 级——公开级**。该级进度计划通常是为了与所有干系人沟通可交付成果的执行情况而编写的。3 级进度计划以柱状图或 CPM 网络图的形式反映项目执行中涉及的关键工作组、规程或技能组之间的接口。3 级进度计划帮助团队识别可能影响阶段工作输出的关键路径和活动。3 级进度计划允许修正方向，同时允许根据完整的报告周期进行编制。其表现形式包括月度报告、商品曲线和直方图。此进度计划级别的受众包括但不限于项目集经理或项目经理和主管。

- **4 级——执行级**。该级进度计划用于在交付级别的信息层上交流生产工作的进展。4 级进度计划应该反映驱动活动完成的关键元素之间的接口，通常以柱状图或 CPM 网络图形式呈现。4 级进度计划通常提供足够的细节，以对多学科/工艺活动进行计划和协调。4 级进度计划涵盖的时间跨度通常是 1 周到 1 个月，支持 3 级进度计划中所展示的里程碑和持续时间。4 级进度计划的基础是在数据库中定义的报告格式，该数据库包括工作包、工作清单或其他详细的图表方法，记录了进度单元生命周期中如何进行沟通的具体步骤、可交付成果和行动。此进度计划级别的受众包括但不限于项目经理和负责完成活动的主管。

- **5 级——明细级**。该级进度计划是为沟通任务需求而准备的，这些任务是在详细进度计划中定义的。5 级进度计划通常被认为是任务级的进度计划，反映每小时、每天或每周的工作需求。根据这个定义，通常提前 1 天或 1 周准备 5 级进度计划。5 级进度计划涵盖的时间跨度通常是 1 天到 1 周，支持 3 级或 4 级进度计划中的里程碑和持续时间。5 级进度计划通常以活动列表的形式呈现，对待完成工作无须按时间进行图形化表示。5 级进度计划用于计划和安排每项任务的资源（劳动力、设备和材料）。此进度计划级别的受众包括但不限于主管和负责执行工作的团队成员。

3.3 进度模型维护

为了确保项目的成功执行，有效的变更控制和严格的更新程序是必要的。几乎每个项目都会不可避免地经历变更。关键是确定在整个项目生命周期中批准和跟踪变更的方式。当工作进展比计划的快或慢时，当项目的其他元素发生变化时（如范围变更）和/或项目团队改变其工作方法时，变更就会发生。变更也可能由外部问题驱动，项目团队无法控制，但应该对此做出反应。

在项目进度模型被批准为进度基准、工作开始及实施日常监控过程之后，就可以开始跟踪项目进度了。这些过程对于帮助尽早识别问题，并将这些问题对项目成功完成的影响最小化来说非常重要。跟踪项目进度的主要步骤如下所示。

- **步骤 1**：保存基准进度模型，该基准进度模型包含可用于比较进度情况的日期。可以批准使用当前进度模型的副本作为基准，或者选择一个更合适的进度模型，将其批准为基准。

- **步骤 2**：报告特定数据日期（也称状态日期、更新日期、当前日期、现在时间日期或截止日期）的进度。数据日期是记录项目状态的时间点。数据日期指一个具体的时间（包括一天中具体的时间），在该时间项目的状态和进展被确定并报告。在数据日期左边（表示早于数据日期）的任意数据都是历史信息。在数据日期右边（表示晚于数据日期）的任意数据都是对剩余工作的预测。数据日期也是进行项目绩效度量分析的时间点。这个进度报告至少应该包括实际开始日期和实际完成日期、剩余工期或工作量，以及完成百分比。

- **步骤 3**：分配新的数据日期，重新计算所有活动日期是进度模型更新的最后一步。

项目规划过程确定了应该定期进行状态/更新维护的步骤 2 和步骤 3。维护进度计划的每次状态/更新的具体步骤见 3.3.1 节至 3.3.7 节。

3.3.1 收集实际状态和剩余工作或工作持续时间的信息

收集那些在被评估的特定项目时间段内应该发生的项目活动的实际状态信息。收集的状态信息包括所有已经开始的活动的实际开始日期，以及截止到数据日期为止所有已经完成的活动的实际完成日期。对正在进行的活动，确定其实际工作量、挣值、已完成活动的实际持续时间、剩余工作量，以及完成剩余工作所需的时间。状态信息收集还应该包括未来活动的持续时间的变化或逻辑关系的变化（假定这些变化遵循 3.3.8 节中讨论的项目变更控制过程）。此时还需要收集的其他信息可能包括关于资源使用情况和已发生成本的数据，前提是已在活动层面对这些数据进行了跟踪。收集截至特定数据日期（日期/时间）的数据。该数据日期是预定的时间周期的最后一天，它反映了更新周期的最后一天的状态，以确保在此日期前报告所有进度。

3.3.2 根据实际情况更新进度模型

将当前更新周期中完成的实际进度纳入进度模型。将在当前更新周期中收集的信息整合到进度模型中，分析还未开始的工作所需的资源，然后对更新的进度模型进行预测。同时，将经过变更控制过程（见 3.3.8 节）批准的范围变更和其他问题带来的对将来工作的影响整合到进度模型中，这可能对预测新进度模型产生重大影响。根据新录入的截至数据日期的剩余工作持续时间或工作量，重新计划所有未完成的活动。更新进度时要特别注意，许多进度管理软件允许将当前操作日期设置到将来活动中。要确保质量控制措施落实到位，这样就可以检测到将数据日期以后的日期作为实际日期输入系统的操作，确保进度计划的完成百分比与当前数据日期无关。

3.3.3 对比或解决任何偏差

将更新的进度模型的运算结果与存档的基准进行比较。识别并解释成本和进度的偏差（如活动没有按时开始或完成）、可量化的偏差、偏离或与已知的基准或期望值的偏差。根据进度管理计划中定义的偏差临界值的可接受范围，确定需要报告、进一步分析和应对哪些活动和情况。在分析时，应该讨论如何扭转不利的绩效趋势和如何阻止绩效下滑，同时还要讨论相关的变更控制。普遍使用的日期偏差分析是将最早完成日期和基准的最早完成日期进行比较，通常以工作日为单位。将一个活动的状态与多个目标进行比较可能是有用的。例如：

- ◆ 将当前进度情况与初始进度计划（基准）对比，查看当前进度情况与初始进度计划之间的偏差。

- ◆ 将当前进度情况与上一个更新周期的进度情况对比，查看自上次更新以来的变化，用来确定进度偏差的增量和趋势。

3.3.4 根据批准的变更更新进度模型

使用由总体变更控制过程批准的变更来更新进度模型，确保进度模型能百分之百地反映当前已知的项目范围和当前项目管理计划。关于此过程的更多细节见 3.3.8 节。为维护与现实一致的、可实现的进度模型，可能需要大量变更和调整的迭代过程。

3.3.5 更新基准进度模型

定期检查基准进度模型。当项目受到重大范围变更的影响时，无论是通过正式的变更控制过程，还是通过显著改变项目进度模型的事件（如重大的重新设计或自然灾害），都可能需要重新确定进度模型基准。当项目实际情况与预先定义的关键绩效指标不一致时，就需要重新确定进度模型基准。

必须充分解释为什么需要重新确定进度模型基准。解释通常包括与项目相关的问题及变更的影响，重新确定进度模型基准的驱动因素已被记录在变更控制过程中。项目的关键干系人需要先确定并同意项目变更，才能进行重新确定进度模型基准的工作。一旦干系人都认为新的进度模型能准确地反映项目的前进方向，就可以使用它生成快照并跟踪这个时间点以后的项目绩效。一般来说，从第一个进度模型基准以后，按照时间顺序给新的进度模型基准进行命名。原进度模型基准会被存档并保留，作为记录和历史永远都不会被删除。还应该注意的是，当一个新的进度模型基准被确立时，所有已完成活动的实际绩效都将被接受，所有剩余的工作都将按新的进度计划来展示。这意味着过去的绩效统计数据（好的或坏的）将被清零，并从该时间点往后重新开始。

3.3.6 沟通

当目前的进度更新周期结束时，应根据项目进度管理计划和项目沟通管理计划分发进度报告（进度视图见图 2-7 和图 2-18）。更多与项目沟通管理计划中制定的进度沟通内容相匹配的典型进度报告、进度视图的信息和范例见 3.5 节。

3.3.7　维护记录

如何正确管理记录是项目配置管理的一部分。详细说明项目的初始逻辑、主要决策点，以及制定进度模型基准时的思考过程，有助于支持行动决策并吸取经验教训。随着进度模型的更改，重要的是要做好活动持续时间或活动逻辑上的所有变化的记录。活动日志通常用于此目的。如果有必要追溯发生了什么和为什么会发生，那么这些记录将提供有价值的信息。正确使用各种组件（如活动日志/注释/说明）对于记录任务为什么延迟或耗时超过预期非常重要。该信息可用于更全面地解释为什么活动被限定在某个日期，或者说明该活动中发生的情况。将最近更新的进度模型版本和基准进度模型进行比较，记录随着时间的推移进度发生的变化，由此研判原进度模型基准的准确性。这些信息会对未来类似范围的项目有用。

本书第 4 章还将介绍进度管理的良好实践和进度模型元素，包括进度模型组件清单中的每个组件的详细信息。为了更好、更恰当地运用每个进度模型组件，最大限度地发挥它们在进度模型中的潜力，需要对各组件有一个完整的理解。

3.3.8　变更控制

控制项目变更是保证项目如期进行和确保项目进度模型保持合理性以维持其准确预测能力的最重要的方法之一。更多信息和指导请参阅《项目配置管理实践标准》[8]。项目变更可以由内部因素（如范围变更）或团队无法控制的外部因素驱动。在任何一种情况下，适当的变更控制都应该是正在进行的进度模型维护过程中不可分割的一部分。使用诸如活动日志/注释/说明的进度模型组件来记录为什么任务延迟或耗时超过预期，并记录对进度模型逻辑的更改。能让进度分析师从进度模型基准向前或向后跟踪，理解进度模型，并确认批准的变更如何映射回进度模型逻辑的修改，是非常重要的。生成快照并归档每个进度模型实例，包括该实例与前一个实例之间的任何改动，还包括任何现有的活动日志/注释/说明。这些活动日志/注释/说明为试图了解项目执行过程中发生了什么以及为什么会发生这些情况的人提供了一个很好的历史信息来源。

3.4 进度模型分析

在整个项目生命周期中，可采用通用的工具和技术来进行进度模型分析，以从进度模型基准中寻找偏差。进度模型分析是项目团队的职责，分析的主要目标是尽早识别与项目目标有关的威胁和机会。为了完成分析，进度模型应该能够预测任何变化（无论是外部的还是内部的）对项目的预期影响或结果。这些影响可能是积极的，也可能是消极的，将在项目中期或最终完成时刻的进度变化中得以体现。

有多种工具和技术可用于进度模型分析。项目进度管理计划包括应该遵守的具体流程和策略。进度模型分析中最常见的检查点在 3.4.1 节至 3.4.12 节中进行阐述。

3.4.1 关键路径和关键活动

本节介绍并解释 CPM 中项目的关键路径和关键活动之间的区别。在讨论项目时，经常有人错误地理解并使用这些术语。确定、识别和维护项目的关键路径是监控进度绩效的关键工作，这对论证性过程至关重要。

3.4.1.1 节详细讨论了关键路径，3.4.1.2 节重点讨论了关键活动。

3.4.1.1 关键路径

项目关键路径是了解项目绩效的关键组成部分之一，随着时间的推移，可根据项目信息的输入准确监控并预测关键路径的移位。

关键路径（项目关键路径）包含了一系列活动，预测或定义了项目最长的活动路径，并计算出了项目最短持续时间。它是贯穿整个项目的最长路径，从最早的里程碑开始，到项目完成时结束。关键路径决定了项目的持续时间。在计算关键路径时考虑了活动和约束条件，以确定项目中的最长路径。然而，关键路径（特定的关键路径）可以结束在项目中任何有着"不晚于某日完成"约束的里程碑上。（注意，进度模型对于约束条件的使用应该是有选择的，并且只有在完全理解可能产生的影响之后才使用它们。）在讨论特定的子项目、阶段、工艺/规范时可能也需要使用关键路径报告，但这些报告可能与项目的关键路径有关，也可能无关。

有时，由于风险问题或其他特定的项目需求，有必要提高看起来不太重要的工作的重要性。在这种情况下，约束条件的应用可以改变项目关键路径的自然性或不受约束性，从而导致项目持续时间和成本的意外变化。

当一个项目有多个关键的子级别里程碑时就可以有多条关键路径。对于具有多条关键路径的项目，其风险更高，因为只要不满足其中任何一条路径，都可能导致无法完成所有项目里程碑。

无论关键路径是如何定义的或存在多少条关键路径，都可以找到并监控从项目中某个点开始到特定点结束的路径。一旦确定了关键路径，就应该在每次更新之后对其进行检查和分析，以了解和记录所有变更。

在关键路径上的活动是关键路径活动。

3.4.1.2 关键活动

区分关键路径活动和关键活动是很重要的：

- **关键路径活动**。关键路径活动是指在关键路径上的活动。

- **关键活动**。关键活动对项目的成功至关重要，即使它们不在关键路径或关键链上。关键活动在范围、进度、资源、安全、环境和/或成本方面通常具有很高的风险，并可能导致项目完成日期的推迟，增加项目失败的概率。

在关键路径上的所有活动都是关键路径活动，也被认为是关键活动。然而，关键活动也可以不在关键路径上。

3.4.2 总浮动时间和自由浮动时间

自由浮动（FF）时间表示在不影响任何紧后活动最早开始日期的情况下，一个活动的最早完成日期可以推迟的时间量。自由浮动时间是单个活动的属性。

总浮动（TF）时间表示在不影响项目总体的完成日期的情况下，一个活动的最早开始日期或最早完成日期可以推迟的时间量。总浮动时间在特定路径中的所有活动之间共享，这些路径要么在合并点之前，要么在项目结束点之前。当路径中的某个活动使用了一些可用的总浮动时间时，在合并点或项目结束点之前的其他活动的总浮动时间会相应减少。

例如，在图 3-6 中，每个活动的活动进度条之后标明了它的总浮动时间和自由浮动时间。总浮动时间在前，自由浮动时间在后。

- 活动 A（0,0），表示总浮动时间和自由浮动时间均为零。这意味着该活动处于关键路径上。活动 A 的延迟不仅会对后续活动产生影响，还会对项目结束点或相关里程碑产生影响。

- 活动 B（10,10），表示总浮动时间为 10 天，自由浮动时间为 10 天。这意味着活动 B 可以延迟 10 天而不会对它的紧后活动产生影响。

- 活动 E（10,0），表示总浮动时间为 10 天，自由浮动时间为零。这意味着活动 E 的延迟将对其紧后活动的开始日期产生影响，但它延迟 10 天不会对它的紧后活动的最晚完成日期产生影响。

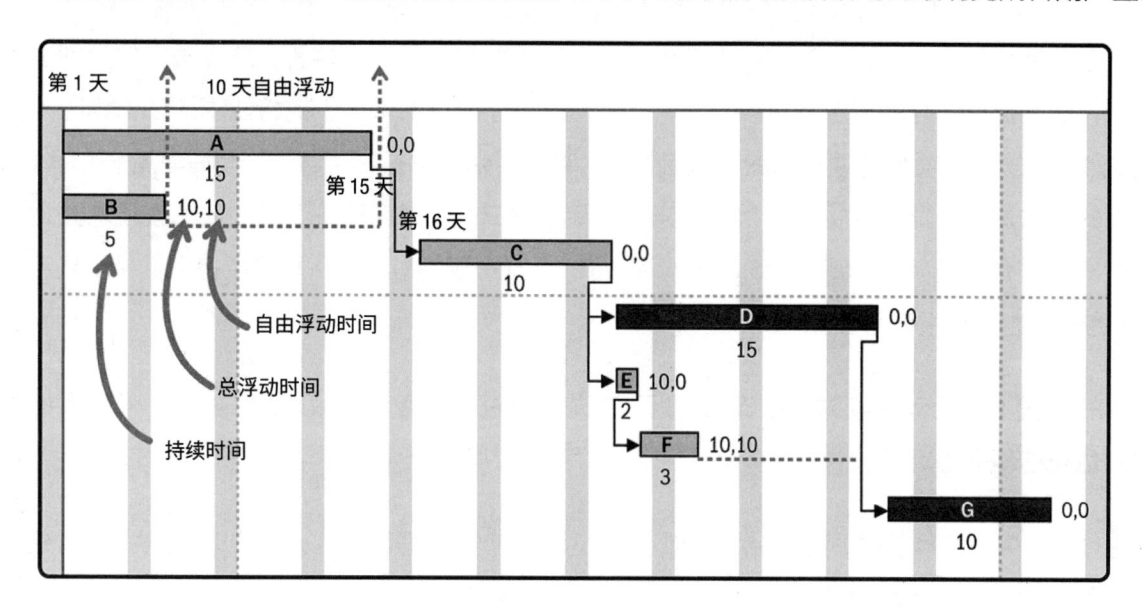

图 3-6　总浮动时间和自由浮动时间

项目每次发生变更后，都应该监控和审查总浮动时间和自由浮动时间，以确定它们是否自上次更新以来发生了改变。

- 总浮动时间的变化是对项目完成或特定里程碑的威胁。

- 自由浮动时间的变化表明活动进展不佳，可能影响其紧后活动，使它们的开始或完成晚于预期。

总浮动时间和自由浮动时间也可能受到外部依赖和进度模型中列出的其他硬约束日期的影响。这些外部依赖应该在活动日志/注释/说明中进行解释，或者与外部里程碑相关联，以便每个人都能了解做了哪些更新及原因。

监控和管理这两个至关重要的组件对于按时完成项目和按计划达到里程碑至关重要。总浮动时间和自由浮动时间的减少意味着需要制订恢复计划了。

3.4.3 估算活动持续时间

估算活动持续时间时可以使用历史信息数据。

当活动持续时间存在很大的不确定性时，常用的估算方法是三点估算。三点对应的分别是乐观持续时间、最可能持续时间和悲观持续时间。此外，风险登记册也可用于支持估算活动持续时间的不确定性。为了量化整个项目持续时间的不确定性，先对每个活动进行三点估算，然后使用 PERT，即与 β 分布近似的方法进行计算，这也是最常见的方法。使用 PERT 估算活动持续时间，加权平均数为（乐观持续时间+4×最可能持续时间+悲观持续时间）/6，而（乐观持续时间+最可能持续时间+悲观持续时间）/3 的计算方法使用的是三角分布。

PERT 着重解决活动持续时间估算的问题。它允许随机估算活动持续时间，并根据干系人提供的持续时间估算的概率进行加权计算。

在图 3-7 中，从紧前关系图开始，PERT 允许给活动持续时间赋值，允许活动持续时间估算过程中包含不确定性。每个活动需要对三种活动持续时间进行估算：

- **乐观持续时间**，在最有利条件下的最短活动持续时间。
- **最可能持续时间**，最可能发生的活动持续时间。
- **悲观持续时间**，在最不利条件下的活动持续时间。

将由参考公式计算得到的结果作为估算的活动持续时间。一般来说，持续时间是在特定的统计学显著性水平（如 95%置信水平）下确定的。公式中的权重是统计分布的手动近似值。通过更复杂的计算（如使用计算机），可以实现 PERT 的统计或多重模拟，其分析结果和蒙特卡罗方法类似（见 3.4.11 节）。

分布的偏度可以用符合三点估算值的曲线（如 β 分布、一致分布或三角分布）来表示。对与活动持续时间的三点估算（或成本估算）有关的概率分布应选择与支持数据最匹配的一种。

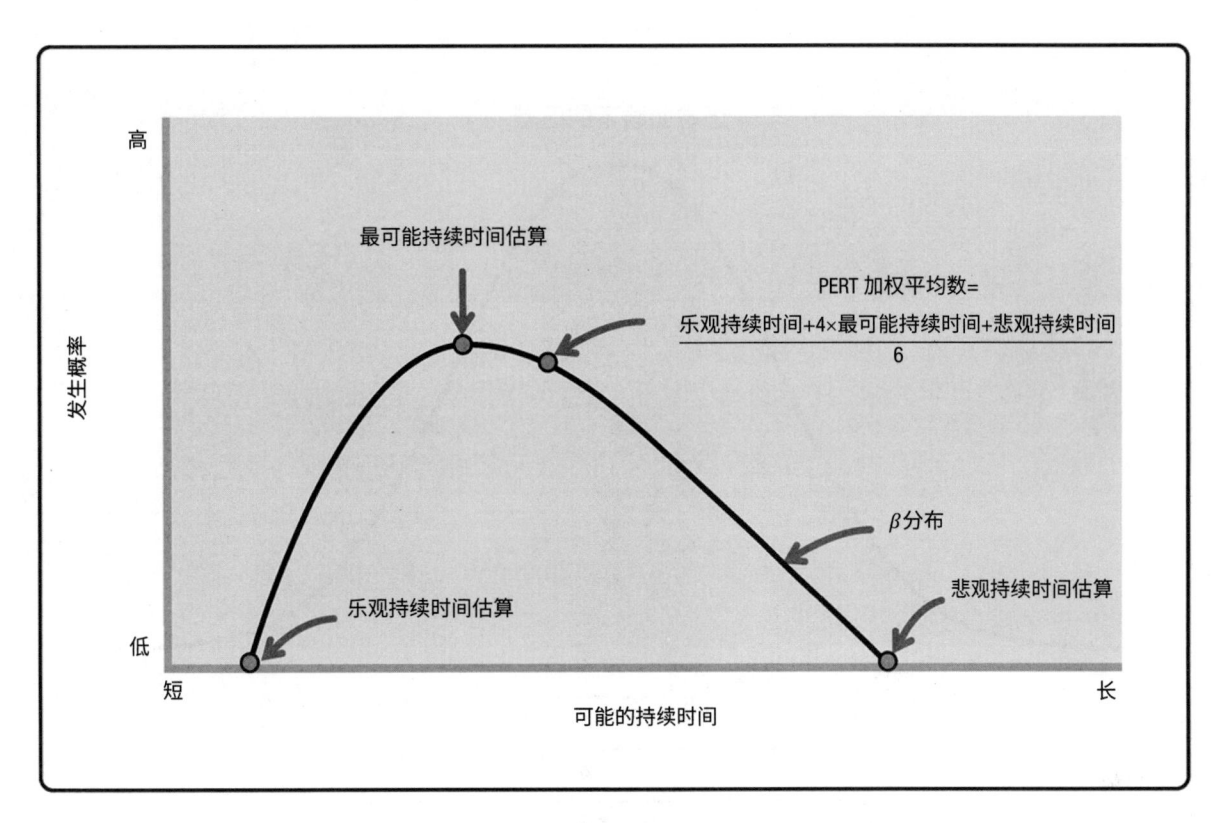

图 3-7　PERT 活动持续时间估算的紧前关系图示例

活动标准差如图 3-8 所示。

◆ 偏离平均值的程度（算数平均）。

◆ 表示估算中的标准误差，并提供其准确度。

◆ 标准差越大（乐观估算和悲观估算之间的差值），估算的风险也越大：

■ ±1 标准差= 68.26%。

■ ±2 标准差= 95.44%。

■ ±3 标准差= 99.73%。

■ ±6 标准差= 99.99%。

关于估算技术的更多信息，见《项目估算实践标准》[7]。

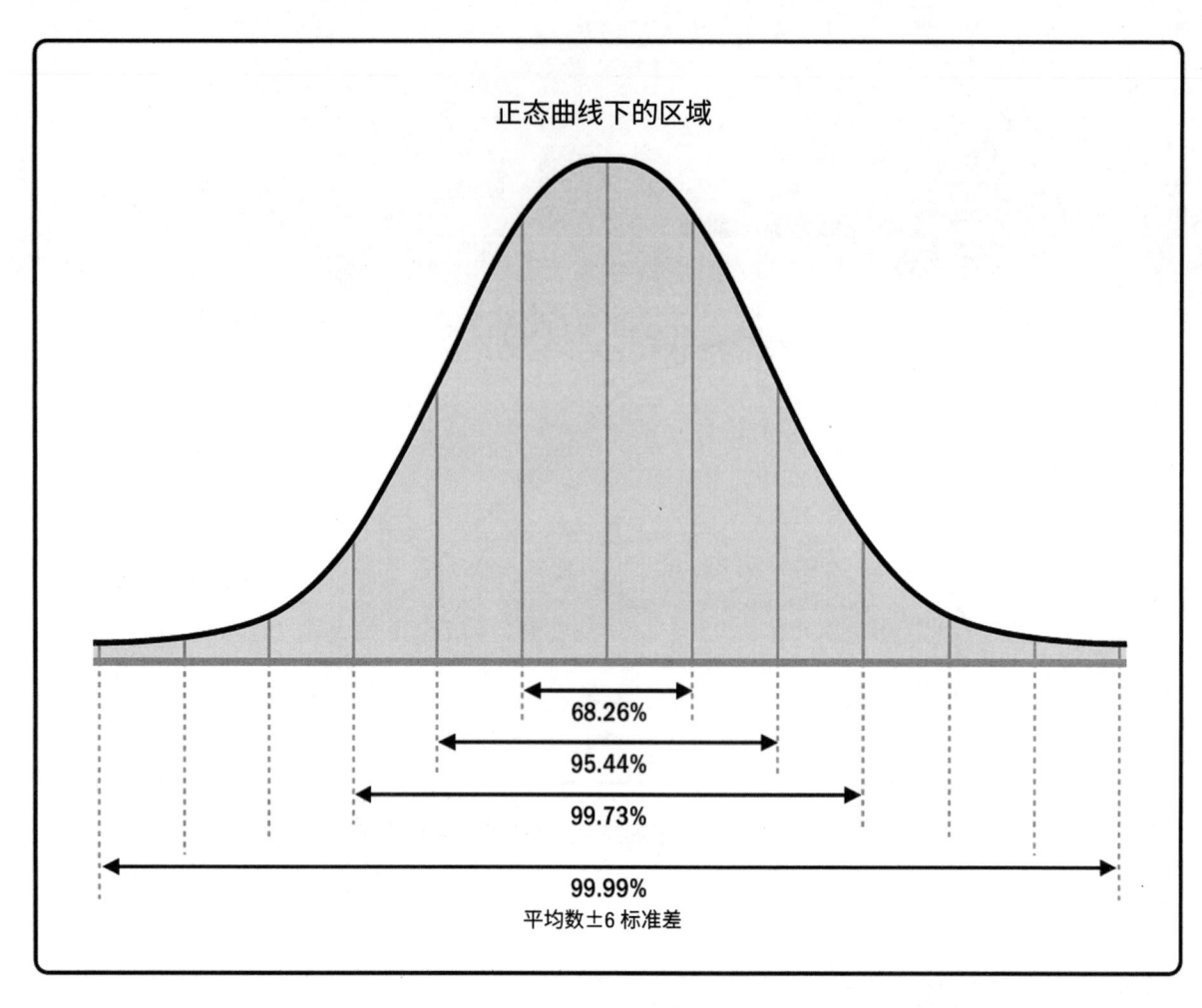

图 3-8 活动标准差示例

3.4.4 日期约束

日期约束制约了项目的正常流程、逻辑和对变更（包括计划内的和计划外的）做出反应的能力，忽略了风险的影响，并限制了进度风险分析的有效性。这有时被称为进度模型的灵活性——采纳变更并保持项目结束日期和/或主要里程碑不变的能力。应该尽可能地避免使用日期约束。在仔细考虑和理解它们将如何影响整个项目生命周期之后，日期约束应该只在有限的状况下使用。最后，它们应该只在与项目预期开发过程兼容时使用。进度管理计划可以提供对使用日期约束的指导。

日期约束的一个用途是为进度模型中没有有效紧前或紧后活动的活动添加一个不早于或不晚于某日期的日期。举个例子，在进度模型中包含供应商交付设备的活动是不实际或不可取的。即便在这个例子中，也应该特别小心，不要在关键路径中引入中断点。

特定的约束会让进度模型做出不同的反应。例如，"尽可能快型"约束提供了完全的灵活性，而不是强制约束。"不早于特定时间开始型"约束提供了较少的灵活性，因为它在某些场景中影响最早开始日期的计算。"必须开始型"约束消除了所有的灵活性，并强制指定日期，这会使识别项目生命周期中正常变更的影响变得非常困难。因为日期约束最终会限制进度的灵活性，所以应该只在进度逻辑不能正确处理时使用它们。当必须使用日期约束时，应该首选较灵活的约束类型。

最后，在进度模型中，无论何时添加约束，对于所添加的约束类型、它的预期目的，以及使用它的原因都必须进行说明，并写入进度文档（如活动注释/说明/日志）。这为以后查询提供记录，可以解释在项目早期使用该约束的合理性。

3.4.5　开口活动

开口活动是一种缺少紧前活动或紧后活动或两者都缺的活动。开口活动会模糊项目活动之间的逻辑关系，在项目中产生浮动的假象，并在进度风险分析时明显减少风险可能带来的影响。开口活动的出现会带来逻辑关系问题：需要做什么来启动这个活动，或者这个活动完成了什么才能够让后续活动得以开始。逻辑性的缺乏损害了整个进度模型的有效性。项目中唯一的开口活动应该是项目开始时的开始里程碑和结束时的完成里程碑。除非一个项目与其他项目相关联，否则项目的开始里程碑和完成里程碑总是开放式的。

开口活动的出现，要么是由于工作疏忽（用户忘了给活动分配逻辑关系），要么是由于项目进度报告过程产生的一条路径没有关闭，有时也称假性开口活动。

图 3-9 是两个由于工作疏忽而导致的开口活动的示例，用粗箭头表示。其中，活动 C 没有紧前活动，活动 F 没有紧后活动。在这两个例子中，用户在创建进度模型时没有遵守活动的逻辑关系要求（例如，每个活动应该有一个 FS 或 SS 的紧前活动和一个 FS 或 FF 的紧后活动）。没有这些类型的逻辑关系，活动就被称为悬空活动或开口活动。悬空活动或开口活动持续时间的不确定性不一定会传递到进度模型的其他部分。当报告项目的进展时，结果可能导致活动表现得像开口活动一样。

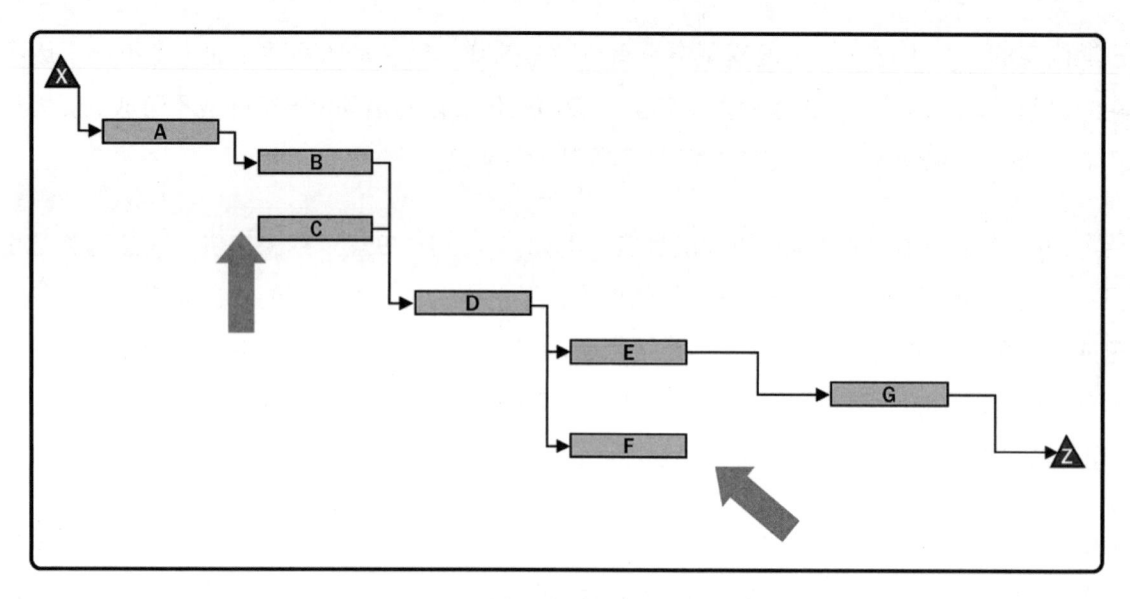

图 3-9 因工作疏忽导致的开口活动的示例

通过加强对细节的关注、对良好实践的遵守以及在制订进度计划时的谨慎，可以有效减少工作上可能产生的疏忽。

假性开口活动或悬空活动最常发生的情况是，进度活动在逻辑上与逻辑关系捆绑在一起，一旦活动完成，就不再为后续活动提供真正的驱动关系，如图 3-10 所示。这个例子中，粗箭头显示活动 B 与活动 C 之间有 SS 关系。一旦过了设定的数据日期，活动 B 被软件系统视为已启动，那么活动 C 也应该启动——事实上并没有。这时活动 C 除了时间没有任何驱动关系（它正在数据日期之上）。在本例中（大多数涉及假性开口活动的案例都是这样），当活动使用 SS 和 FF 关系作为唯一的紧前或紧后逻辑关系进行进度排序时，就增加了出现假性开口活动的概率。在这些类型的逻辑关系下，一旦紧前活动开始或完成后达到滞后量的时间，紧后活动就可以开始。可如果错过这个滞后期，紧后活动就没有了逻辑驱动关系。经常会发生这样的情况：紧前活动报告为完成，滞后期也已经过去，然而，出现问题的活动并不像逻辑关系所表示的那样开始或结束。在之后的某一天，这个出现问题的活动可能被系统警示为对项目有关键影响，但没有人记得为什么会这样。

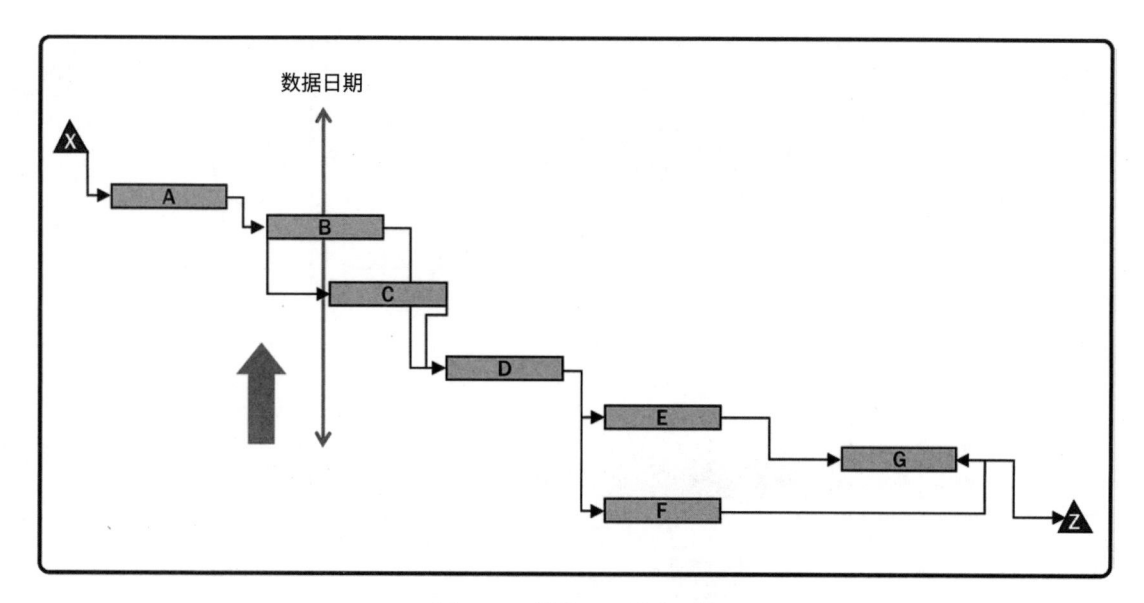

图 3-10　假性开口活动示例

3.4.6　失序逻辑

报告项目进展时，会出现失序逻辑。失序逻辑实例可以出现在本节所述的各种情况中。项目进度更新前后的逻辑关系如图 3-11 所示。

在图 3-11 中的 FS 关系中，活动 B 在紧前活动被报告为已完成之前就已经被报告为已启动，导致了失序逻辑的出现。在这种情况下，活动 A 与活动 B 之间存在 FS 关系，但活动 B 的状态得到更新，填入了早于活动 A 实际完成日期的实际开始日期。这违反了 FS 逻辑关系，也就是说，出现了失序逻辑。这种情况带来了一个问题：是否应该根据预先确定的逻辑关系，在紧后活动开始之前完成紧前活动。箭头 1 表示活动 B 开始端的逻辑冲突，而箭头 2 表示如果继续使用原有的进度逻辑，则会产生差异。

与之相似，活动之间的 SS 关系和 FF 关系也可以在驱动关系发生之前报告开始或完成紧后活动，这同样会产生失序逻辑问题。

为保持进度模型分析的完整性，应该纠正或删除失序逻辑（例如，通过进一步分解其中一个活动）。进度模型分析报告可以识别失序逻辑的情况，并为如何最好地解决失序逻辑问题提供建议。但不建议仅仅依靠进度软件工具来纠正问题，因为只有项目团队才能最好地确定失序逻辑问题的解决方案。在某些情况下，在规划阶段确定的逻辑关系可能是不正确的，那就应该予以纠正，以供将来参考。

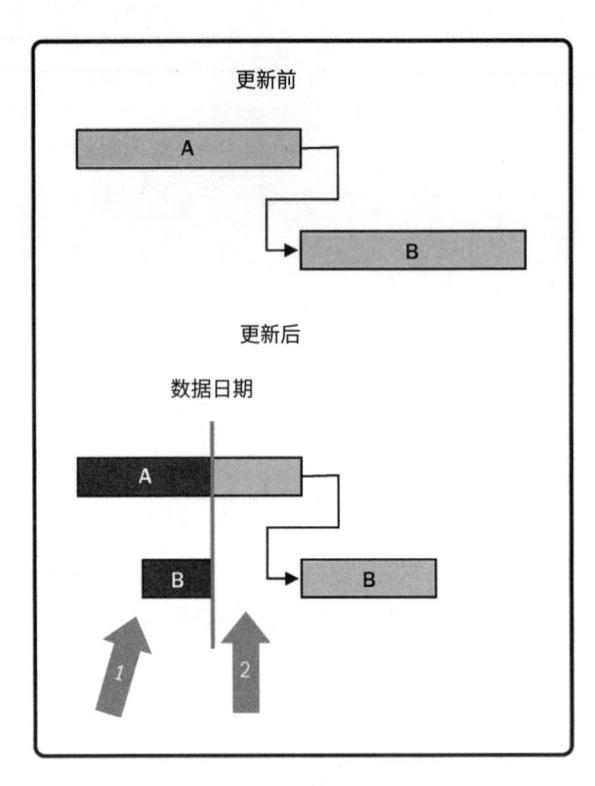

图 3-11　失序逻辑示例

　　根据正在使用的进度编制工具软件和选择的进度选项，失序逻辑可能带来如图 3-12 所示的情况。一种解决方法是保留初始逻辑，在紧前活动完全完成之前不允许紧后活动开始。如图 3-12 所示，这将导致下游活动日期推迟或延迟。另一种解决方法是忽略初始逻辑，采纳当前进度报告，并允许活动按照报告的方式继续进行，从而允许工作并行执行。最终结果是，报告的活动将比计划的时间更早完成，但活动可能是无效的。

　　保留初始逻辑和使用当前进度覆盖之间的主要区别在于初始逻辑是否正确，或者结果计算是否有效。这将直接影响对项目绩效进行准确分析的能力。软件系统可以根据所选择的不同方法为后续活动计算两个不同的完成日期。通常，使用当前进度覆盖的方法会得到较早的完成日期，而使用保留初始逻辑的方法则得到较晚的完成日期。作为良好实践，建议使用保留初始逻辑方法对失序逻辑问题进行处理。无论失序逻辑何时发生，都应该解决它，因为这样才可以增加整个进度模型的有效性。

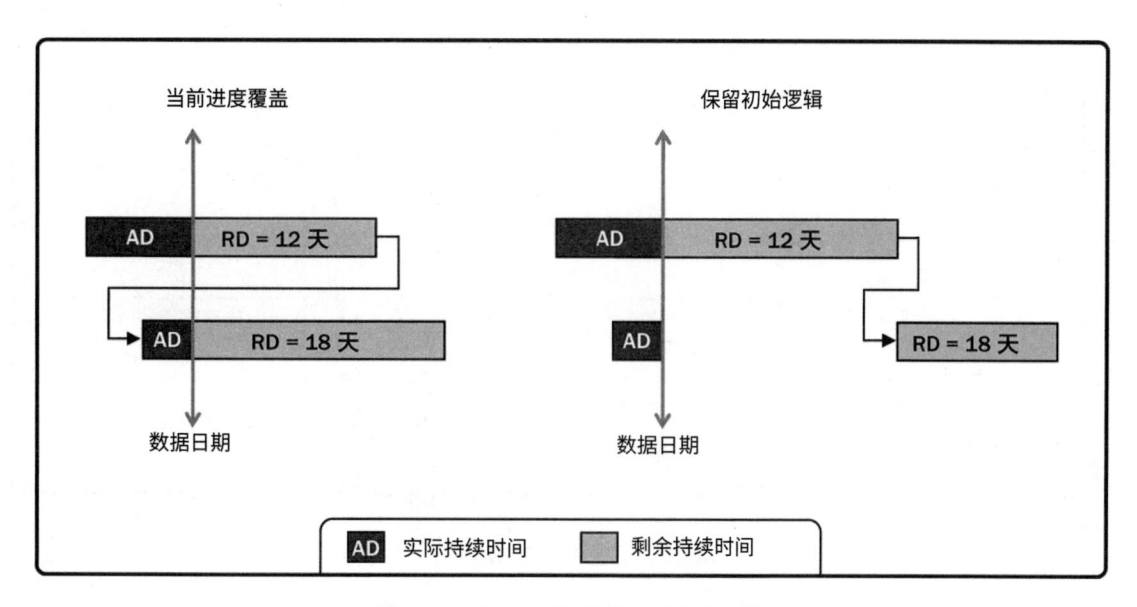

图 3-12 当前进度覆盖和保留初始逻辑

失序逻辑也是导致项目关键绩效指标不准确的原因。根据软件程序规则，失序逻辑可以根据进度模型的计算方式更改各项目里程碑的预计完成日期。在某些情况下，很难找到并解决项目进度偏移的原因。这也是一旦看到失序逻辑情况的出现就应该立即解决的另一个原因。

3.4.7 提前量和滞后量

风险可能消耗或延长固定的提前量/滞后量，从而对整个项目的持续时间带来无法预料的影响。图 3-13 解释了提前量和滞后量的区别。

- 提前量。对逻辑关系的一种修改，它允许紧后活动的提早进行（写在紧前活动下，以负数表示）。
- 滞后量。对逻辑关系的一种修改，它带来紧后活动的推迟进行（写在紧前活动下）。滞后量可能带来进度风险，应该尽可能将它们设计为具有不确定性持续时间的单个活动。

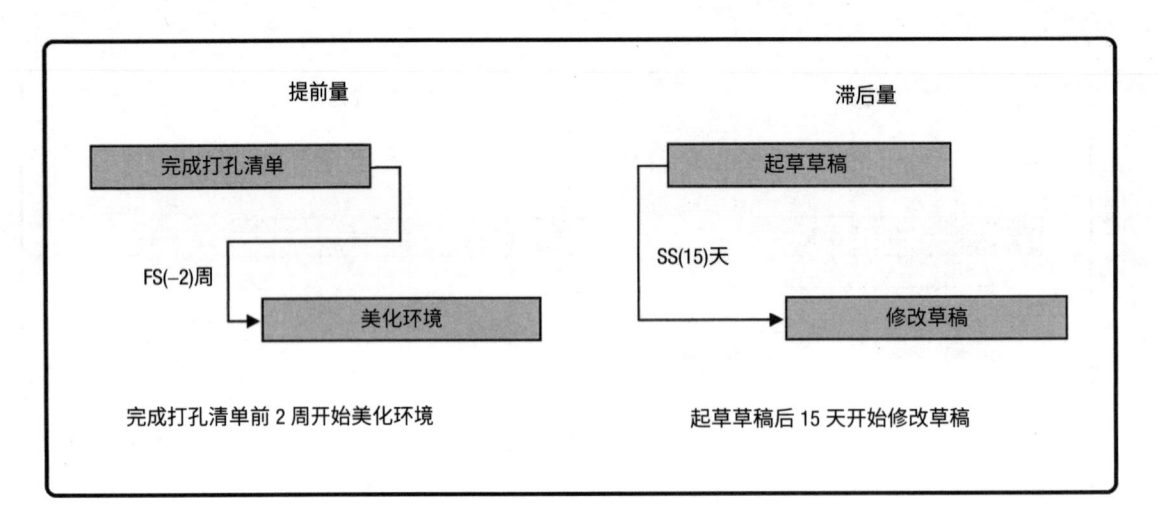

```
          提前量                              滞后量
    ┌──────────────┐                    ┌──────────────┐
    │  完成打孔清单  │                    │   起草草稿    │
    └──────────────┘                    └──────────────┘
         │                                    │
       FS(-2)周                             SS(15)天
         ↓                                    ↓
    ┌──────────────┐                    ┌──────────────┐
    │   美化环境    │                    │   修改草稿    │
    └──────────────┘                    └──────────────┘

  完成打孔清单前 2 周开始美化环境        起草草稿后 15 天开始修改草稿
```

图 3-13 提前量和滞后量

提前量也会带来风险，特别是在准时制（JIT）库存管理中。使用有限的库存空间管理项目，可能对进度模型产生层叠效应。此外，将提前量/滞后量升级为一个独立的活动，就可以为其分配额外的属性（如名称、剩余持续时间等）。提前量/滞后量可见性的缺乏和关键路径计算的失真会导致进度风险。在使用不同日历（活动日历或资源日历）的活动中，使用提前量和滞后量都会有特定的风险。因此，重要的是，对提前量和滞后量的使用给进度模型可能带来的后果有一个清晰的理解。许多软件工具允许用固定的持续时间或活动持续时间的百分比来定义提前量和滞后量。判断被用来确定最能代表活动的性质及其提前量或滞后量的正确方法。

3.4.8 开始—完成关系

开始—完成关系（SF）很少在确定型进度规划中使用，因为它描述了一种不常见的、紧后活动在紧前活动开始之后才能完成的情况。检查所有 SF 关系，确保它们的出现不是进度计划出错导致的，并在必要时进行修改。

看看下面这个 SF 关系的例子有助于对这种罕见关系进行更好的理解。假设项目需要交付一件设备来支持建造活动。为"制造和交付设备"活动提供逻辑关系可能不太现实，但项目团队希望建造活动能够推动设备交付的日期。在这种情况下：

◆ 紧前活动总是推动紧后活动的进行。因此，SF 关系为这个案例提供了解决方案。

◆ "制造设备"活动可以在"安装设备"活动的开始之日结束。

3.4.9 与汇总活动的双向链接

一般情况下，不建议在汇总活动上使用链接，因为难以遵循这类逻辑。此外，很难确定驱动关键路径的特定任务。在汇总活动上使用链接可能会产生逻辑错误，并在进度模型中产生循环逻辑。避免在汇总活动上使用链接是一个良好实践。

3.4.10 进度资源分析

一个良好的进度模型包含很多活动/工作单元，这些活动/工作单元是在仔细考虑完成工作所需的资源后确定的。资源可以包括各种类型的人力资源（如程序员、作家、电焊工、铁匠、石匠、木匠等），还可以包括关键设备（如起重机、打印机、卡车等）。

一旦确定了资源，生产力价值、资源的稀缺性/可用性以及与其他资源的接口，都可以成为活动持续时间的决定因素。活动持续时间对项目持续时间和成本有着不可或缺的影响。

现有的进度软件通常允许根据一个或多个已定义资源的可用性对项目进行调整，这被称为资源平衡。资源平衡着重解决在项目任何时间段内可用的资源数量不足的问题。进度活动的持续时间和时间安排可以根据预定义的资源临界值进行调整（见图 3-14）。注意，在这个例子中，由于资源可用性有限，活动已经被移动，活动链的完成日期现在推迟了。一般来说，这会导致项目持续时间变长，或者做出提供更多可用资源的决定。一些进度软件产品可以根据设定的参数协助完成资源平衡的工作，但不自动保存平衡后的结果。进度管理专员和项目人员应该审查资源平衡后的进度模型，并对项目进度模型的逻辑做出具体修改，然后保存所需的结果。

3.4.11 进度风险评估

进度风险评估用于查找和验证进度风险，识别优先级高的风险和驱动风险事件的活动，并持续监控项目相关风险的变化。PERT 无法识别平行浮动路径带来的风险，特别是在路径汇总点（也称汇总偏差或路径收敛）。如果不进行蒙特卡罗之类的模拟来确定偏差的大小，就很难对这种偏差进行深入分析。项目越大、越复杂，风险的累积对项目的影响就越大。项目管理计划或其他合同文件中规定了进度风险识别和分析的使用场景、频率及要求。有关风险的更多概念见《PMBOK®指南》和《项目组合、项目集和项目风险管理标准》[6]。

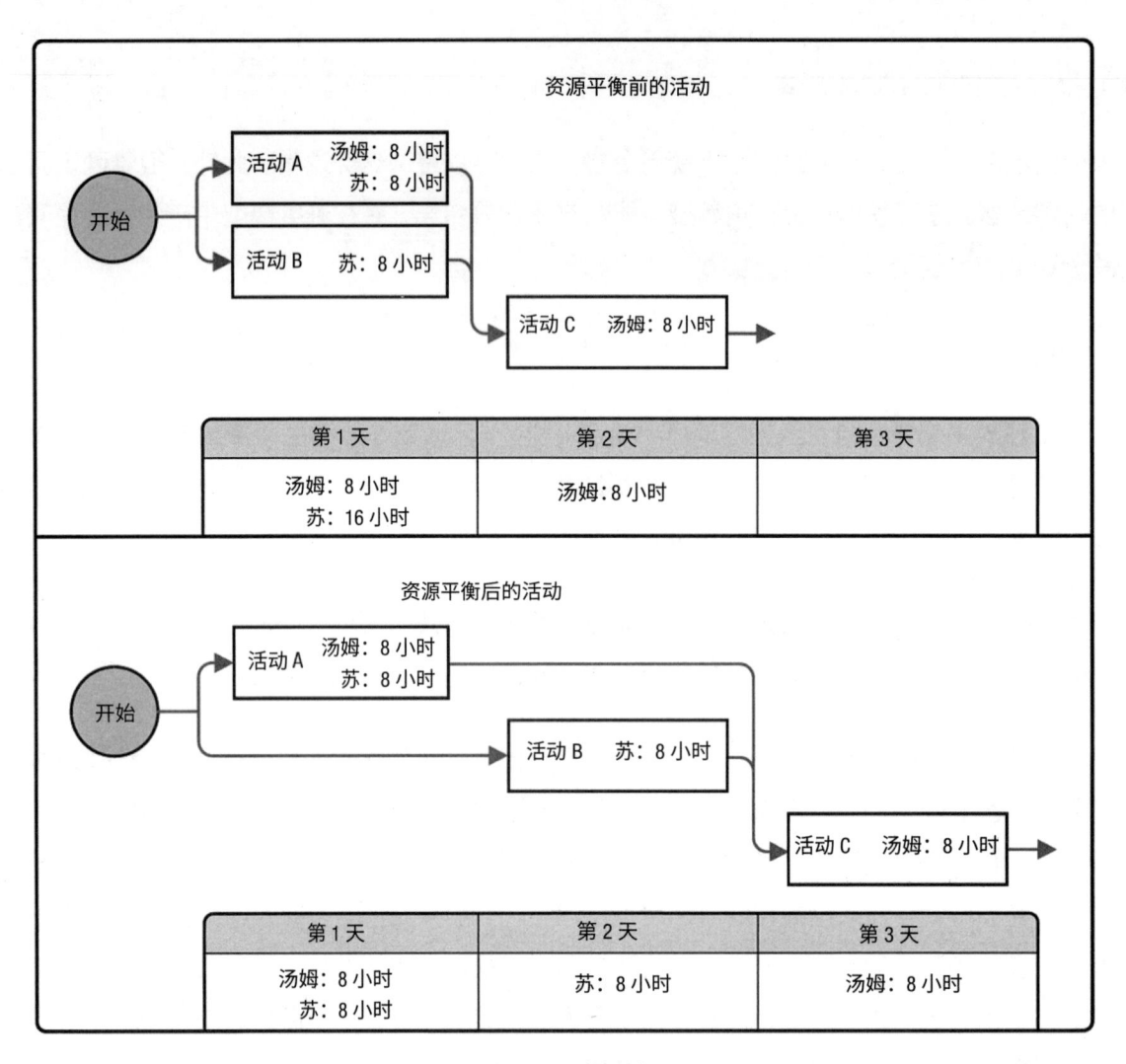

图 3-14　资源平衡

蒙特卡罗模拟考虑了活动持续时间、成本、资源、逻辑关系和风险等方面的不确定性，它利用风险登记册中的风险来模拟活动持续时间的不确定性。或者，可以直接使用活动持续时间的乐观估算、最有可能估算和悲观估算。可以为每个活动分配一个概率分布，该分布考虑了干系人在估算时的置信水平。当估算的置信度较高时，选择标准差较小的概率分布，反之亦然。当蒙特卡罗模拟软件不允许将活动持续时间不确定性配置给提前量/滞后量时，需要将提前量或滞后量改为单个离散活动。

在配置估算和概率分布后，进行蒙特卡罗模拟。模拟由许多迭代组成，每次迭代产生一个可能的项目结果。对于每次迭代，活动持续时间（以及由此产生的成本等）由蒙特卡罗模拟软件根据项目团队配置的活动类型的概率分布进行选择。这将生成一个被记录的进度模型实例，包括关键路径、活动持续时间和成本等详细信息。这个过程将重复进行多次，最终得到每个选定的活动和项目的持续时间、成本、开始日期及完成日期的概率分布。

进一步分析可以得到特定活动处于关键路径上的概率，并确定在所期望的确定水平上对项目结果最具影响力的风险。为了增加项目按时完成的概率，可以密切监视最经常出现在关键路径上的活动和那些具有高风险的活动。蒙特卡罗模拟需要使用专用软件进行。

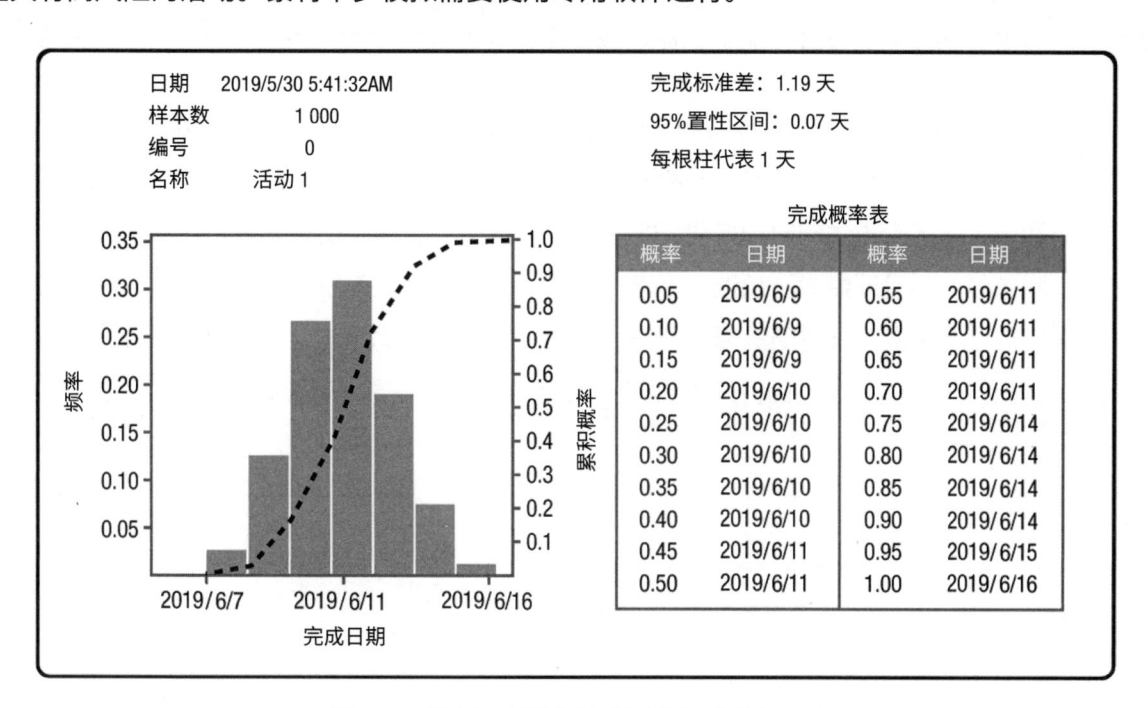

图 3-15　单个活动的活动持续时间概率分布示例

3.4.12　挣得进度

挣得进度管理（ESM）是一种计算进度偏差、进度绩效并在给定当前情况下推测项目最终状况的方法。挣值管理（EVM）基于成本进行分析和运算，而 ESM 则是在时间维度上进行分析。ESM 与 EVM 相结合，可以让项目经理在执行阶段准确地了解项目的时间和成本状况。EVM 使用货币价值（挣值和计划价值）计算进度偏差和进度绩效指标，而 ESM 使用时间计价作为输入（挣值进度和实际时间）计算进度偏差和进度绩效指标，将 ESM 和 EVM 结合使用，使进度分析员可以对进度绩效指标进行准确计算，并在给定当前项目绩效的情况下对项目预期完成时间做出更准确的估算。挣得进度（ES）利用挣值（EV）的概念来更好地理解项目的时间维度。首先，EV 以观察点为时间标注，记为实际时间（AT）。然后将 AT 与进度计划中（在未来或过去）原定应该完成活动的时间点进行比较。这个时间点就是挣得进度（ES）。从 ES 中减去 AT 就得到了进度计划与实际进度的真实时间差，即进度偏差（SV）。将 AT 除以 ES 得到真正基于时间的进度绩效指数［SPI(t)］。有了这种进度观察和分析的方法，项目控制技术可以与现有的挣值方法结合使用。

ES 是 EV 概念的扩展，与现有挣值方法结合使用，使其成为另一项项目控制技术。ES 的基本概念是确定与当前进度相匹配的进度时间点，在初始进度计划中应该完成的进度值。

ES 最重要的发展是对项目完成日期具有更准确的预测能力。ES 使用 EV 绩效数据来生成基于时间的信息，并使用类似的计算方法来预测将来的项目绩效（见图 3-16）。因此，ES 是进度基准中此时应该挣得的时间单位与实际发生的时间单位的简单转换。挣得的时间单位在时间维度上表示了项目进度，并且在 0 时间单位（项目开始时）和进度基准的项目总工期 x 时间单位（项目完成时）之间变化。也可以说，进度价值是直接基于时间的成本基准，以货币为单位。此外，当使用 EVM 方法时，假设项目时间和成本绩效指标可以代表项目将来的绩效，因而可用于预测项目最终的持续时间和成本。

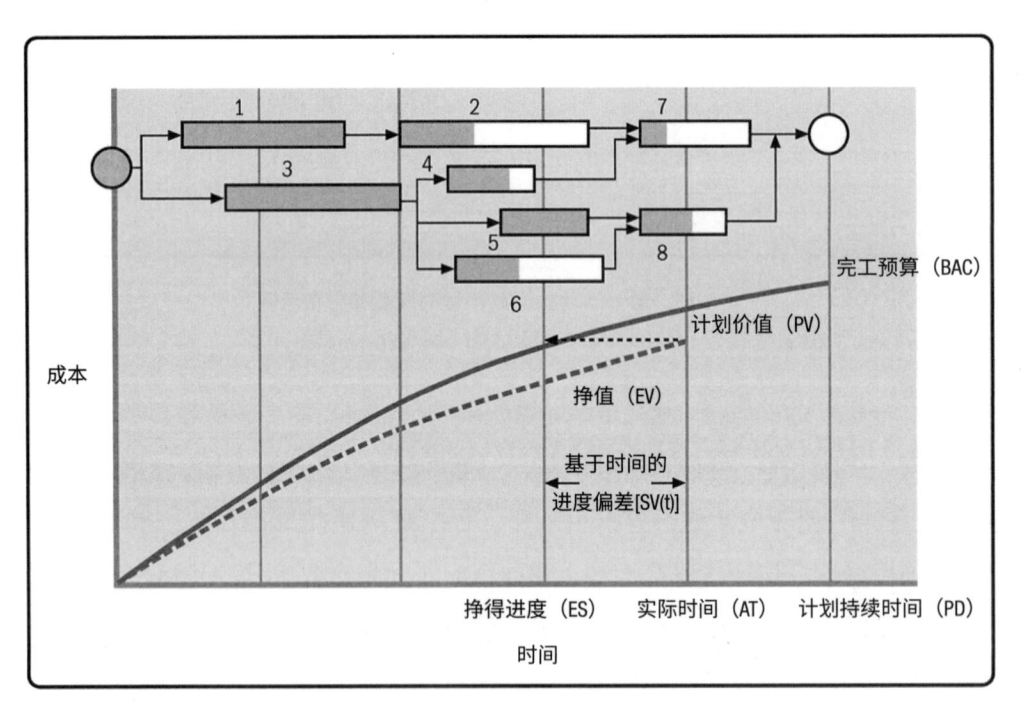

图 3-16　ES、PV 和 EV 之间的关系

ES 可用于深入了解项目的 WBS，其使用方式与 EV 大致相同。通过这样的操作，进度管理专员可以确定哪些地方可能存在缺陷或限制，哪些地方可能在未来需要返工。

使用 ES 的另一个关键好处是，能够精确地指出预期的项目活动何时没有按照恰当的顺序完成（遵循恰当的进度顺序和逻辑）。不按顺序执行工作是一个关键的项目问题，因为它指出了项目可能遇到的绩效问题。例如，EVM 允许项目指标以累积的方式汇总和获得，即使这些价值是工作活动提前且失序的结果。对干系人来说，由此产生的绩效使得累积挣得的项目价值看上去与累积的计划价值一致。绩效指标的数字反映出项目进展良好，然而不幸的是，通常情况并非如此，如图 3-17 所示。

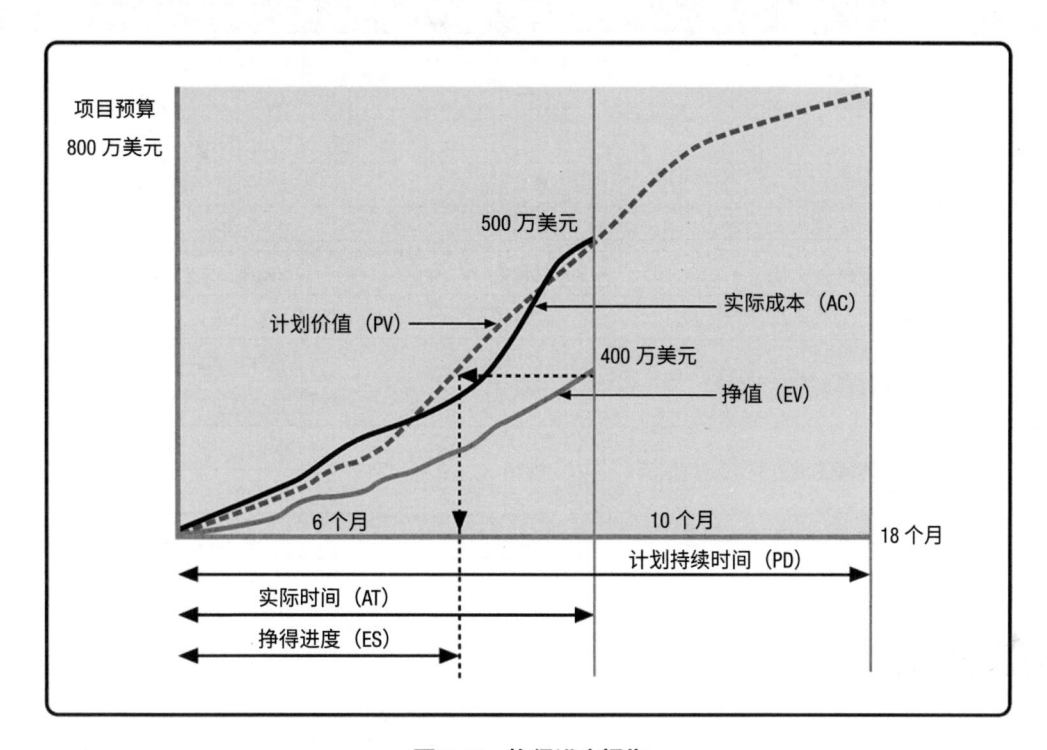

图 3-17　挣得进度报告

不按顺序执行工作会导致某些任务提前开始，为这些活动申报绩效，可以让项目绩效汇总看起来健康（通常使用不同的度量技术）。有时，当工作包不能以应有的速度挣得价值时，进度管理专员会使用这种技术：通过提前启动另一个工作包，项目团队可以申报已经挣得的额外的价值。挣得进度方法应该为进度报告过程提供更好的完整性。

挣得进度方法中使用的计算公式如表 3-1 所示。

表 3-1 挣得进度方法中使用的计算公式

类　型	名　称	缩　写	公　式
测量指标	挣得进度	ES	ES = C + I （C）已完成时间数 （I）未完成时间数
	实际时间	AT	AT=执行的时间数
计算指标	基于时间的进度偏差	SV(t)	SV(t) = ES – AT
	进度偏差百分比	SV(t)%	SV(t)% = (ES – AT) / ES
	基于时间的进度绩效指数	SPI(t)	SPI(t) = ES / AT
	完工尚需进度绩效指数	TSPI	TSPI = (PD – ES) / (PD – AT) TSPI = (PD – ES) / (ED – AT)
预测指标	基于时间的独立完工进度估算	IEAC(t)	IEAC(t) = PD / SPI(t) IEAC(t) = AT + (PD – ES) / PF(t)
	基于时间的完工进度偏差	VAC(t)	VAC(t) = PD – IEAC(t) or ED

3.5　沟通和报告

清晰的沟通可以与干系人建立信任。在项目生命周期的早期，项目经理应与项目团队一起识别干系人，并明确他们对于信息的需求，制订沟通管理计划（见《PMBOK®指南》），确保能满足已识别的干系人期望。

进度模型是项目经理工具箱中的一个战略型工具，用来指导项目在计划完成日期内达到项目目标。进度模型通过项目活动的开始日期和完成日期，提供何时将完成什么任务的时间线。进度模型可以使用不同的详细信息进行分层：

◆ 使项目经理能够更顺畅地领导和管理资源。

◆ 控制每日项目进展。

◆ 提供可视性，使项目经理能够克服困难并利用机会。

◆ 与干系人进行更频繁、更有效的沟通。

◆ 识别和监督任务之间的依赖关系和约束，将可预防的延迟对项目的影响降到最低。

进度模型实例可以根据项目的开发阶段、项目所需的报告和报告面向的读者等生成多种形式的报告。进度报告包括：

◆ 关键路径报告。

◆ WBS 报告。

◆ 每周和/或每月的详细进度报告。

◆ 资源报告。

◆ 假设条件报告。

◆ 依赖关系报告。

◆ 关键问题报告。

◆ 进度风险报告。

◆ 进展报告。

◆ 定量分析报告等。

此外，客户可能需要不同级别的进度视图，如表 3-2 所示。图 3-18 列出了通常在这些级别的报告中汇报的内容。要获得更多信息见 3.2.1.9 节，该节对各进度级别进行了更详细的讨论，对进度模型组件的详细阐述见第 4 章。图 3-18 展示了不同级别进度报告的一些案例。

表 3-2 不同级别的进度视图

级别	受众	内容	范例
0	战略合作伙伴、高级管理人员、项目组合/项目集经理	以一行汇总表示整个项目（从开始到完成）	用一行描述该项目信息，并与项目集中的其他项目进行比较
1	高级管理人员和项目发起人	仅关键信息	项目开始日期、完成日期和成本
2	项目经理和项目团队	关键里程碑信息	项目里程碑的进展
3	项目协调员	汇总任务	需要提供足够的信息来定义每个工作小组的工作范围、控制进度，并预测可交付成果
4	工作包经理或合同经理	工作包级详细信息	使用工作包级别的信息，其他与第 3 级类似
5	任务组长	任务级详细信息	详细项目进度数据

里程碑进度计划

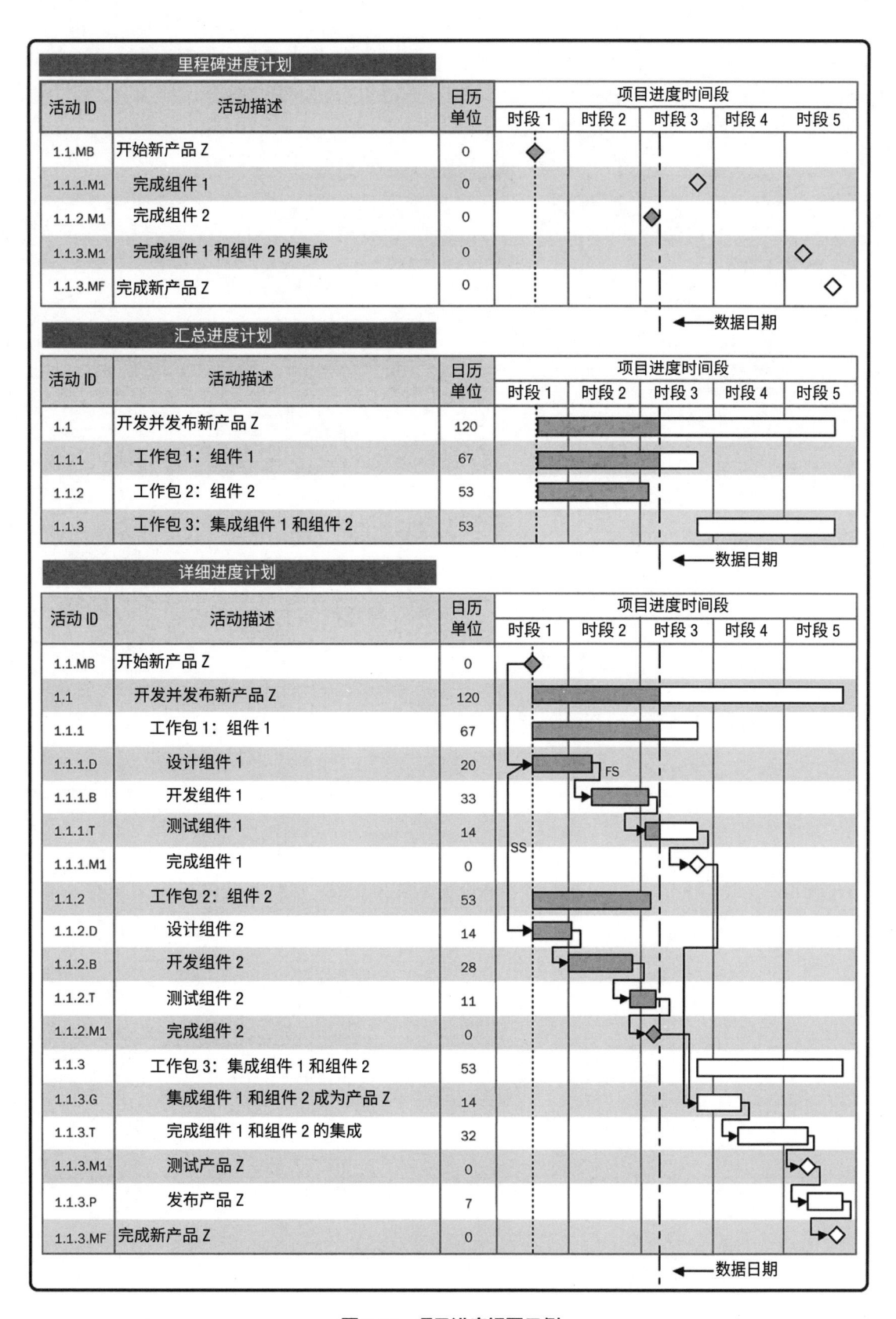

活动 ID	活动描述	日历单位	时段 1	时段 2	时段 3	时段 4	时段 5
1.1.MB	开始新产品 Z	0	◆				
1.1.1.M1	完成组件 1	0			◇		
1.1.2.M1	完成组件 2	0		◇			
1.1.3.M1	完成组件 1 和组件 2 的集成	0				◇	
1.1.3.MF	完成新产品 Z	0					◇

← 数据日期

汇总进度计划

活动 ID	活动描述	日历单位	时段 1	时段 2	时段 3	时段 4	时段 5
1.1	开发并发布新产品 Z	120					
1.1.1	工作包 1：组件 1	67					
1.1.2	工作包 2：组件 2	53					
1.1.3	工作包 3：集成组件 1 和组件 2	53					

← 数据日期

详细进度计划

活动 ID	活动描述	日历单位	时段 1	时段 2	时段 3	时段 4	时段 5
1.1.MB	开始新产品 Z	0	◆				
1.1	开发并发布新产品 Z	120					
1.1.1	工作包 1：组件 1	67					
1.1.1.D	设计组件 1	20		FS			
1.1.1.B	开发组件 1	33					
1.1.1.T	测试组件 1	14	SS				
1.1.1.M1	完成组件 1	0				◇	
1.1.2	工作包 2：组件 2	53					
1.1.2.D	设计组件 2	14					
1.1.2.B	开发组件 2	28					
1.1.2.T	测试组件 2	11					
1.1.2.M1	完成组件 2	0			◇		
1.1.3	工作包 3：集成组件 1 和组件 2	53					
1.1.3.G	集成组件 1 和组件 2 成为产品 Z	14					
1.1.3.T	完成组件 1 和组件 2 的集成	32					
1.1.3.M1	测试产品 Z	0					◇
1.1.3.P	发布产品 Z	7					
1.1.3.MF	完成新产品 Z	0					◇

← 数据日期

图 3-18　项目进度视图示例

第 3 章　进度模型良好实践概述

第 4 章

进度模型组件

本章提供了详细的 CPM 进度编制工具中可能使用的组件的目录。每个条目包括与组件相关的 8 种可能类型的信息,并表明本实践标准对每个组件的推荐用法,是必要的、有条件的还是可选的。必要组件被分为 4 组:

- 核心必要组件（CRC,在表 4-1 中用"R"表示）。
- 资源必要组件（RRC）。
- 挣值管理必要组件（ERC）。
- 风险必要组件（KRC）。

项目需求决定了哪些组件需要在进行成熟度评估之前呈现在进度模型中。成熟度评估和一致性指数将在第 5 章中进行详细阐述。本章分为以下几个部分:

4.1 **如何使用组件清单**。这部分定义了用来描述每个组件的信息类型。

4.2 **按类型排列的组件清单**。这部分按特定的类型将组件分门别类,可以方便地快速定位组件。每个组件都被标识为必要的、有条件的或可选的。

4.3 **详细的组件清单**。这部分根据字母顺序,对每个组件及其各类信息进行阐述。

4.1 如何使用组件清单

每个组件的信息描述遵循以下样式。4.1.1 节至 4.1.8 节将使用这个样式来定义进度组件中每个数据元素的内容。

组件名	必要或可选	手动或计算
数据格式：		
行为：		
良好实践：		
条件注释/相关组件：		
定义：		

4.1.1 组件名

该属性表示组件在进度计划编制工具中的名字，这个名字在不同的进度计划编制工具中可能不同。

4.1.2 必要或可选

该属性指出组件的使用原则：(1) 对所有进度模型都是必要的（CRC）；(2) 基于另一个组件或过程的状况或行为有条件地需要（RRC、ERC、KRC）；(3) 可选的（计分或不计分）。

4.1.3 手动或计算

该属性表示组件中的数据是手动录入的，还是通过进度计划编制工具计算得到的。手动或计算属性依赖于进度计划编制工具。

4.1.4 数据格式

该属性描述组件中的数据在进度计划中以何种形式出现。不同的进度计划编制工具中数据格式可能不同。

4.1.5 行为

在组件清单中，该属性描述组件是如何表现的，或者在进度计划编制工具中如何对其他组件产生影响。对行为描述的重要提示是，所有的行为描述都以动词开头，表示一个动作。根据进度计划编制工具的不同，或者由于进度计划编制工具中设置的不同，该组件的行为可能不同。

4.1.6 良好实践

在此清单中，"良好实践"意味着在不同的项目中正确使用这些技能、工具和技术，能提高项目成功的机会，这已经成为普遍的共识。良好实践并不意味着所描述的知识应该始终适用于所有项目；项目管理团队负责确定在任何给定的项目中什么是适当的。

4.1.7 条件注释/相关组件

该属性表明组件是否依赖于另一个组件或应考虑的任何重要事项而存在。

4.1.8 定义

该属性描述了组件在进度计划编制工具中的所有功能和用法。

4.2 按类型排列的组件清单

本节呈现一个分类排列的所有组件的清单（见表 4-1）。"使用情形"列表示该组件属于哪个类别：

- 核心必要组件（R）；
- 资源必要组件（RRC）；
- 挣值管理必要组件（ERC）；
- 风险必要组件（KRC）；
- 可选组件（O）；
- 不计分组件（NS）。

所有必要组件必须在一个进度计划中出现，才能在成熟度评估过程中获得分数，详细内容见第5章。

表 4-1 按类型排列的组件清单

类目	组件	使用情形	类目	组件	使用情形
日历	活动日历	O	关系	完成—完成	O
	项目日历	R		完成—开始	R
	资源日历	RRC		开始—完成	NS
约束	尽可能晚	NS		开始—开始	O
	尽可能早	NS	资源	活动投入/工作量	O
	目标完成日期	NS		活动资源实际数量	RRC
	不早于某日完成	NS		活动资源剩余数量	RRC
	不晚于某日完成	NS		活动资源总数	RRC
	计划完成日期	NS		驱动型资源	O
	强制完成日期	NS		项目资源实际数量	RRC
	强制开始日期	NS		项目资源剩余数量	RRC
	项目完成约束条件	O		项目资源总数	RRC
	项目开始约束条件	O		资源分配	RRC
	不早于某日开始	NS		资源可用性	RRC
	不晚于某日开始	NS		资源描述	RRC
	开始于	NS		资源标识	RRC
持续时间	活动实际持续时间	R		资源滞后量	O
	活动初始持续时间	R		资源库/字典	RRC
	活动剩余持续时间	R		资源单价/价格	O
	活动总持续时间	R		资源类型	RRC
	项目实际持续时间	R	进度风险	活动累积风险概率分布	KRC
	项目剩余持续时间	R		活动最可能持续时间	KRC
	项目总持续时间	R		活动乐观持续时间	KRC
挣值	活动实际成本	ERC		活动悲观持续时间	KRC
	实际时间（AT）	O		活动风险关键指数	KRC
	完工预算（BAC）	ERC		可能风险分布	KRC
	变更请求标识	O		风险标识	KRC
	控制账户标识	ERC	开始日期	活动实际开始日期	R
	控制账户管理员（CAM）	O		活动最早开始日期	R
	成本绩效指数（CPI）	O		活动最晚开始日期	R
	成本偏差（CV）	O		资源平衡的活动开始日期	O
	成本偏差百分比（CV%）	O		项目实际开始日期	R
	挣得进度（ES）	O		项目最早开始日期	R
	挣值（EV）	ERC		项目最晚开始日期	R
	挣值测量类型	O		资源平衡的项目开始日期	O
	挣值权重	O	其他	活动编码	O
	完工估算（EAC）	ERC		活动成本类别	O
	完工持续时间估算（ED）	O		活动成本估算	O
	完工尚需估算（ETC）	ERC		活动标识	R
	完工尚需时间估算（ETC(t)）	O		活动标签	R
	EVMS 工作包标识	ERC		活动注释/说明/日志	O
	计划价值	ERC		活动范围定义	O
	进度绩效指数（SPI）	O		进度模型基准	R
	基于时间的进度绩效指数（SPI(t)）	O		关键路径	R
	进度偏差（SV）	O		数据日期	R
	进度偏差百分比（SV%）	O		悬空活动	O
	基于时间的进度偏差（SV(t)）	O		滞后量	O
	完工尚需绩效指数（TCPI）	O		提前量	NS
	完工尚需进度绩效指数（TSPI）	O		支持型活动（LOE）	O
	WBS 标识	ERC		里程碑	R
完成日期	活动实际完成日期	R		项目成本类别	O
	活动最早完成日期	R		项目描述	O
	活动最晚完成日期	R		项目名称	R
	资源平衡的活动完成日期	O		进度模型标识	R
	项目实际完成日期	R		进度模型实例	R
	项目最早完成日期	R		进度模型级别	O
	项目最晚完成日期	R		进度模型视图	R
	资源平衡的项目完成日期	O		汇总活动	O
浮动	自由浮动时间	R		目标进度模型	O
	总浮动时间	R		衡量单位	R
完成百分比	活动实际完成百分比或活动持续时间完成百分比	R		偏差	O
	活动完成百分比	O			
	项目实际完成百分比或项目持续时间完成百分比	R			

4.3 详细的组件清单

本节用八个属性定义每个组件，并根据字母排序。

活动实际成本	必要（ERC）	计算/手动

数据格式：数字。

行为：衡量成本。

良好实践：在进度计划使用挣值管理方法时提供实际成本。

条件注释/相关组件：参考《挣值管理实践标准》[5]。又被称为已完成工作的实际成本（ACWP）。本实践标准定义活动实际成本只在进度模型的汇总级别，而不是每个活动的实际成本。

定义：在给定的时间段内完成活动的总成本。这个值既可以在进度模型任何级别进行计算，也可以用不同数据日期进行计算。如果使用项目开始日期和最新数据日期进行计算，那么计算结果可以称为"累积值"。实际成本还可以包括材料的货币成本和其他固定成本。

活动实际持续时间	必要	计算/手动

数据格式：数字。

行为：定义活动开始后经过的时间长度。计量单位可以是自然时间或工作时间。

良好实践：

条件注释/相关组件：

定义：对进行中的进度活动，使用进度活动的实际开始日期和进度模型的数据日期来计算完成该进度活动所需工作的日历单位数，对已完成的进度活动，则使用进度活动的实际开始日期和活动实际完成日期来计算。

活动实际完成日期	必要	手动

数据格式：日期。

行为：定义活动完成的日期。

良好实践：所有在数据日期以前完成的活动都应该有实际完成日期。用实际日期替换 CPM 中的最早日期和最晚日期，表明该活动已经 100%完成。

条件注释/相关组件：活动持续时间完成百分比/活动实际完成百分比。

定义：进度活动完成的时间点。

活动实际开始日期	必要	手动

数据格式： 日期。

行为： 定义活动开始的日期。

良好实践： 所有在数据日期以前开始的活动都应该有实际开始日期。用实际日期替换 CPM 中的最早日期和最晚日期。

条件注释/相关组件： 在当前数据日期前开始该进程。

定义： 进度活动开始的时间点。

活动日历	可选	手动

数据格式： 日期/时间。

行为： 定义活动的工作时间。对适用活动日历的活动而言，活动日历替代了项目日历。

良好实践：

条件注释/相关组件：

定义： 在进度活动上定义工作时间和非工作时间，用日历格式明确工作期间和非工作期间。在进度计算中，用活动日历替代项目日历对相关进度活动进行计算。参见"项目日历"和"资源日历"。

活动编码	可选	手动/计算

数据格式： 字母数字。

行为： 存储一个或多个特定值，将这些特定值分配给进度模型中的活动。每个活动可能有多个编码，这些编码可以使用多种属性类型，如字母、字母数字、日期、时间等。

良好实践： 活动编码要能协助参与对活动的排序、结构化、统计和分组。

条件注释/相关组件：

定义： 标识活动的特征，或者以某种方式对进度活动进行分组、筛选、排序，从而最好地指代一组活动。在一些进度计划编制工具软件中，使用自定义字段来保存这些信息。

活动成本类别	可选	手动

数据格式： 字母数字。

行为： 在项目中为成本账户提供一个可能的细分。

良好实践： 根据财务需要，成本可以分为直接成本、间接成本、劳动力成本、物料成本、设备成本等。

条件注释/相关组件：

定义： 对成本的细分，如劳动力成本、设备成本和物料成本。

活动成本估算	可选	手动/计算

数据格式： 数字。

行为： 通过累加所有单个活动成本得出，包括实际成本和计划价值（PV）中包括的成本。

良好实践： 活动成本应该通过添加已分配给该活动的各个活动成本科目来计算。

条件注释/相关组件： 活动成本科目、计划价值。

定义： 进度活动的预期成本，包括执行和完成活动需要的所有资源成本，涵盖所有成本类型和成本科目。

活动累积风险概率分布	必要（KRC）	手动

数据格式： 日期表格，数字（小数）。

行为： 存储根据选定方法计算得到的不确定性数值，该方法根据选定的不确定性概率分布对活动持续时间进行概率计算。

良好实践： 当进度偏差对项目目标有显著影响时，项目风险分析过程就是必要的。

条件注释/相关组件：

定义： 完成进度活动需要的时间及其相应累积发生概率对应表。通过诸如蒙特卡罗计算等分析技术得到日期预估。当使用这个方法预估项目完成日期时，结果等同于项目的累积风险概率分布。

活动持续时间完成百分比	必要（参见条件注释）	计算/手动

数据格式：数字（小数）。

行为：反映在一个给定的时间点，活动实际持续时间在该活动总的计划持续时间中所占百分比。

良好实践：在不考虑 EVM 的情况下，可以使用持续时间完成百分比来表示活动进展好坏。然而，使用者应该明白，对实际进度来说，这只是很粗略的估算。不推荐用它来替代 EVM。这种方式对完成百分比的估算实际上脱离了在活动上付出的工作投入。

条件注释/相关组件：要么使用活动持续时间完成百分比，要么使用活动实际完成百分比。（见活动实际完成百分比。）

定义：进行中的进度活动的实际持续时间占该进度活动总持续时间的百分比。

活动最早完成日期	必要	计算

数据格式：日期。

行为：根据 CPM 顺推路径，识别活动的最早完成日期。

良好实践：从 CPM 计算中获得日期。

条件注释/相关组件：最早开始，持续时间。

定义：根据进度模型 CPM 顺推路径的逻辑，得到进度活动中未完成部分最早可能完成的时间。

活动最早开始日期	必要	计算

数据格式：日期。

行为：根据 CPM 顺推路径，定义活动的最早开始日期。

良好实践：根据进度网络分析计算得到日期。

条件注释/相关组件：最早开始，持续时间。

定义：根据进度模型 CPM 顺推路径的逻辑，得到进度活动最早可能开始的时间。

活动投入/工作量	可选	计算/手动

数据格式：数字。

行为：量化每个活动需要投入的资源。也称"活动工作量"。

良好实践：应该定义并分配资源。

条件注释/相关组件：依赖于活动持续时间和资源分配状况。

定义：一个进度活动或一个工作分解结构需要的人力单位数。活动投入通常用人时、人天或人周来表示。和活动持续时间不同。

活动标识	必要	计算

数据格式：字母数字。

行为：标识进度活动。

良好实践：既可以自动生成，也可以通过遵守适合项目的编码规则产生，是活动的唯一标识。很多项目通过一定的逻辑来编码，得到活动标识号。

条件注释/相关组件：

定义：为了区别这个项目活动和那个项目活动，为每个活动都分配一个短小且唯一的数字或文本标识。

活动标签	必要	手动

数据格式：字母数字。

行为：允许在活动上记录用户自定义信息。

良好实践：以动词和唯一且特定的名词或形容词结合的短语或标签开头。

条件注释/相关组件：

定义：描述每个进度活动的简短短语或标签，与活动标识结合使用，以区别于进度模型中的其他进度活动。活动标签通常说明了进度活动的工作范围。也被称为"活动描述""活动名""任务名"。

活动最晚完成日期	必要	计算

数据格式：日期。

行为：根据 CPM 逆推法，定义活动最晚完成日期。

良好实践：根据 CPM 计算得到。

条件注释/相关组件：

定义：为了不延误项目完成日期或不打破进度约束条件，进度活动可以最晚完成的时间。

活动最晚开始日期	必要	计算

数据格式：日期。

行为：根据 CPM 逆推法，定义活动最晚开始日期。

良好实践：根据 CPM 计算得到。

条件注释/相关组件：

定义：为了不延误项目完成日期或不打破进度约束条件，进度活动可以最晚开始的时间。

活动最可能持续时间	必要（KRC）	计算/手动

数据格式：数字。

行为：假设情况正常，定义完成进度活动需要的时间长度。只在剩余持续时间中计算风险。

良好实践：进度风险计算时应使用活动最可能持续时间。

条件注释/相关组件：活动乐观持续时间、活动悲观持续时间、活动初始持续时间（如果进行风险分析）。

定义：在考虑了所有可能影响绩效的情况时，为进度活动分配的以日历单位为单位的阶段性工作时间——最可能的活动持续时间。

活动注释/说明/日志	可选	手动

数据格式：字母数字。

行为：记录活动的所有补充信息。

良好实践：活动的补充文档，说明如为什么有这个活动，为什么延迟，以及有哪些约束条件等。

条件注释/相关组件：

定义：对活动的其他支持信息的记录。

活动乐观持续时间	必要（KRC）	计算/手动

数据格式：数字。

行为：在最好的情况下，定义为了完成进度活动需要的时间长度。只在剩余持续时间中计算风险。

良好实践：进度风险计算时应使用活动乐观持续时间。

条件注释/相关组件：活动悲观持续时间、活动最可能持续时间、活动初始持续时间（如果进行风险分析）。

定义：在考虑了所有可能影响绩效的情况时，为进度活动分配的以日历单位为单位的阶段性工作时间——可能最短的活动持续时间。

活动初始持续时间	必要	手动

数据格式： 数字。

行为： 在汇报任何活动进度前定义的为了完成进度活动需要的时间长度。活动初始持续时间不依赖任何进度计划编制工具。

良好实践： 需要有一份记录来保存初始持续时间，以便将来进行参考和比对。通常来说，持续时间不应该超过两到三个汇报周期。

条件注释/相关组件：

定义： 初始状态下分配给进度活动的持续时间，这个持续时间通常不会随着活动进展的汇报更新而改变。当汇报进度计划进展时，与活动实际持续时间和活动剩余持续时间相比较。活动初始持续时间一般根据历史数据、专家意见、资源可用性、财务考量，以及需要进行的工作数量等进行估算。

活动悲观持续时间	必要（KRC）	计算/手动

数据格式： 数字。

行为： 在最坏的情况下，定义为了完成进度活动需要的时间长度。只在剩余持续时间中计算风险。

良好实践： 进度风险计算时应使用活动悲观持续时间。

条件注释/相关组件： 活动乐观持续时间、活动最可能持续时间、活动初始持续时间（如果进行风险分析）。

定义： 在考虑了所有可能影响绩效的情况时，为进度活动分配的以日历单位为单位的阶段性工作时间——可能最长的活动持续时间。

活动实际完成百分比	必要（参见条件注释）	手动

数据格式： 数字（小数）。

行为： 表示在给定的时间点，针对任何已经开始的活动，已经实际完成的工作量占所估计的总工作量的百分比。

良好实践： 对于所有已经开始的活动，需要及时更新活动实际完成的百分比。项目的进度管理专员应该在项目开始初期就决定用哪种方法衡量活动完成情况。可能有许多衡量活动完成情况的方法，包括以 EVM 为基础的挣值规则（见《挣值管理实践标准》[5]），如 50/50 法则、实际数量、完成百分比、非线性里程碑法或从事该活动的人员的估计等。在这些方法中，以 EVM 概念为基础的百分比估算方法因其相对不那么主观，而成为最佳选择。

条件注释/相关组件： 要么使用活动持续时间完成百分比，要么使用活动实际完成百分比，二者选其一。需要使用 EVM 技术。

定义： 以百分比形式表达的，对进度活动已经完成的工作量的估计。可以用实际完成的工作进度来衡量，也可以用以 EVM 为基础的挣值规则来衡量。

活动剩余持续时间	必要	计算/手动

数据格式：数字。

行为：定义截至数据日期完成活动所需的时间长度。

良好实践：一旦活动开始，在报告周期内没有完成，那么需要确定完成剩余工作需要的时间长度。

条件注释/相关组件：资源分配情况可能影响活动剩余持续时间。

定义：以日历单位表示的活动相关工作需要的时间。如果是一个尚未开始的活动，那么活动剩余持续时间等于活动的初始持续时间；如果是一个已经实际开始的活动，那么活动剩余持续时间等于项目进度计划运行的数据日期与根据 CPM 计算得到的最早完成时间之间的差值。这个数字表示了正在进行中的项目活动还需要多少时间来完成。注意：在活动开始之前，活动持续时间=活动剩余持续时间。

活动资源实际数量	必要（RRC）	手动/计算

数据格式：数字。

行为：在活动层面定义需要使用的资源数量。

良好实践：需要定义并分配资源。如果资源已经分配，就需要使用"活动资源实际数量"。

条件注释/相关组件：

定义：活动实际开始后，用于活动的资源数量的单位。

资源平衡的活动完成日期	可选	计算

数据格式：日期。

行为：在资源受限的情况下，定义活动的最早完成日期。

良好实践：需要定义并分配资源。如果资源已经分配，并存在资源过度分配的情况，需要使用资源平衡。

条件注释/相关组件：

定义：在资源受限的进度计划中，资源受限的进度活动的计划完成日期。

资源平衡的活动开始日期	可选	手动

数据格式： 日期。

行为： 在资源受限的情况下，定义活动的最早开始日期。

良好实践： 需要定义并分配资源。如果资源已经分配，并存在资源过度分配的情况，需要进行资源平衡。

条件注释/相关组件：

定义： 在资源受限的进度计划中，资源受限的进度活动的计划开始日期。

活动资源剩余数量	必要（RRC）	手动/计算

数据格式： 数字。

行为： 衡量截至数据日期完成活动需要的资源数量。

良好实践： 一旦活动开始，在报告周期内没有完成，就需要确定完成该工作还需要的资源数量。

条件注释/相关组件： 资源分配可能影响活动剩余持续时间。

定义： 以固定单位表示的完成活动还需要的资源数量。

活动资源总数	必要（RRC）	手动/计算

数据格式： 数字。

行为： 完成一个活动需要的资源数量。每个活动、每个资源的数量都是独特的。

良好实践： 需要定义并分配资源。如果资源已经分配，应该使用活动资源总数。

条件注释/相关组件： 成本。

定义： 以固定单位表示的完成活动需要的资源数量，不考虑资源的可用性和资源分配情况。

活动风险关键指数	必要（KRC）	计算

数据格式： 数字。

行为： 一个活动成为关键路径一部分的概率。

良好实践： 项目干系人认为项目存在高风险时，需要使用风险分析过程。应该在进度偏差对项目目标的实现有明显影响的项目中使用风险分析。

条件注释/相关组件：

定义： 进度活动成为关键路径上关键活动的概率，通过活动成为关键路径一部分的次数除以总模拟次数计算得到。

活动范围定义	可选	手动

数据格式：字母数字。

行为：允许在将要开展的工作中记录客户自定义信息。可能记录在活动注释/说明/日志上，或者记录在客户指定的地方。

良好实践：为了进一步明确工作内容，应该为每个活动定义范围。

条件注释/相关组件：

定义：用描述性语言记录活动所代表的工作。

活动总持续时间	必要	计算/手动

数据格式：数字。

行为：定义从开始到完成的活动持续时间。

良好实践：

条件注释/相关组件：活动实际持续时间、活动剩余持续时间。

定义：用日历单位表现的、完成一个进度活动需要的总时间数。对于正在进行中的进度活动，活动总持续时间是活动实际持续时间和活动剩余持续时间之和，也称"活动持续时间"。

活动完成百分比	可选	计算/手动

数据格式：数字（小数）。

行为：表示在某个给定的时间点，实际完成的工作量占进度活动总工作量的百分比。

良好实践：

条件注释/相关组件：

定义：对进度活动的估算，表示一项工作已经完成的部分占总工作量的百分比。一般来说，计算的依据是活动持续时间完成百分比和初始分配给活动的工作小时数。

实际时间	可选	计算

数据格式：数字。

行为：衡量时间。

良好实践：进度模型中使用挣得进度方法时，包括挣得进度。

条件注释/相关组件：

定义：执行活动时间长度的计数。

尽可能晚	可选（不计分）	手动

数据格式： 字母数字。

行为： 在当前进度模型的逻辑和约束条件下，允许安排一个活动，使得它在最晚完成日期完成。尽可能晚的约束行为依赖进度计划编制工具。

良好实践： 约束条件不可以使用进度网络逻辑替代。应该有节制地使用"尽可能晚"这个约束条件。

条件注释/相关组件：

定义： 活动上的一个约束条件，可以安排活动，使得它在最晚完成日期完成。

尽可能早	可选（不计分）	手动

数据格式： 字母数字。

行为： 允许安排一个活动，使得它在 CPM 最早完成日期完成。"尽可能早"约束条件依赖进度计划编制工具。

良好实践： 一个典型的、默认的日期型约束条件。适用于进度模型中的大部分活动。

条件注释/相关组件： 项目开始日期。

定义： 基于任何紧前活动和进度逻辑，一个置于活动上的约束条件，使得活动可以在项目开始日期之后的最早完成日期完成。

进度模型基准	必要	计算

数据格式： 不限定。

行为： 记录获得项目干系人批准时项目计划中的进度组件。能用哪些进度组件由进度计划编制工具决定。

良好实践：

条件注释/相关组件： 进度模型的编制为分析时点的建立和审核提供了可能。

定义： 进度模型基准是项目干系人批准同意项目计划（最新获审批通过的进度模型）时进度组件的一个实例，可用来和其他进度模型实例做比较。

完工预算	必要（ERC）	计算
数据格式：数字。		
行为：定义项目获批准的预算。		
良好实践：在进度模型中包含资源和相关成本，以定义分时间段的预算。		
条件注释/相关组件：获得管理层批准的完工预算被称为批准的基准。		
定义：获得管理层批准的进度模型中的资源成本的总数。完工预算可以通过活动进行计算，可以分不同层级进行汇总。		

变更请求标识	可选	手动
数据格式：字母数字。		
行为：在配置控制下，对进度模型进行变更的授权标识。		
良好实践：作为进度配置管理的一部分，使用变更请求标识标注出经过配置管理过程审批的对进度模型的变更。这个术语通常在一个客户自定义字段中记录。		
条件注释/相关组件：见《配置管理实践标准》[8]。活动注释/说明/日志。		
定义：变更请求标识是程序变更记录中和进度模型相关的主键值。		

控制账户标识	必要（ERC）	手动
数据格式：字母数字。		
行为：标识与成本收款账户相关的工作。		
良好实践：当使用挣值管理方法时，要在进度模型中标识控制账户。		
条件注释/相关组件：见《挣值管理实践标准》[5]。		
定义：通常在工作分解结构和组织分解结构的交叉点标注一个字母数字标识，表明成本将归于哪个账户。控制账户包含工作包。		

控制账户管理员	可选	手动

数据格式：字母数字。

行为：标识对一个具体控制账户成本绩效唯一负责的人。

良好实践：在进度管理中使用挣值方法时应包括控制账户管理员标识。有时，使用一个参考数字代表控制账户管理员，而不使用具体的人名。

条件注释/相关组件：见《挣值管理实践标准》[5]。

定义：一个字母数字指代一个对控制账户所代表的工作的成本和收益负责的人，既可以是一个人的名字，也可以是识别一个人的唯一参数。

成本绩效指数	可选	计算

数据格式：数字。

行为：定义收益和按时间段分配的预算之间相对应的成本绩效。

良好实践：在进度管理中使用挣值方法时应包括成本绩效指数。

条件注释/相关组件：见《挣值管理实践标准》[5]。

定义：EV/AC，计算按时间段分配的值，用来衡量项目中的成本绩效。这个值既可以在进度模型任何级别进行计算，也可以用不同数据日期进行计算。如果使用项目开始日期和最新数据日期进行计算，那么计算结果可以称为"累积值"。

成本偏差	可选	计算

数据格式：数字。

行为：按时间段分配的收益表现和实际成本的偏差。

良好实践：在进度管理中使用挣值方法时应包括成本偏差。

条件注释/相关组件：见《挣值管理实践标准》[5]。

定义：EV–AC，计算按时间段分配的值，用来衡量项目中的成本绩效。这个值既可以在进度模型任何级别进行计算，也可以用不同数据日期进行计算。如果使用项目开始日期和最新数据日期进行计算，那么计算结果可以称为"累积值"。

成本偏差百分比	可选	计算

数据格式：数字。

行为：按时间段分配的进度绩效和实际绩效的偏差，用百分数表示。

良好实践：在进度管理中使用挣值方法时应包括成本偏差百分比。

条件注释/相关组件：见《挣值管理实践标准》[5]。

定义：（EV–AC）/（EV）×100%，计算按时间段分配的值。这个值既可以在进度模型任何级别进行计算，也可以用不同数据日期进行计算。如果使用项目开始日期和最新数据日期进行计算，那么计算结果可以称为"累积值"。当 EV=0 时，无论 AC 是什么值，CPI=0。

关键路径	必要	计算

数据格式：字母数字（一系列活动）。

行为：定义在关键路径上的活动。

良好实践：要建立一条有意义的关键路径，就必须根据经验，用有可执行性的假设持续时间来完整制定符合逻辑的活动关系。此外，在项目启动活动和完成活动之外，不得有任何开口活动。只在不能用活动间逻辑关系有效解决的外部或内部事件上，有限地使用约束条件。

条件注释/相关组件：为所有活动定义的逻辑关系。

定义：决定了项目持续时间的一系列进度活动，但也有例外。一般来说，关键路径是项目中最长的路径。然而举例来说，一条关键路径可以在进度模型中间的某个有着不晚于某日为约束条件的进度里程碑上结束。参见"项目关键路径""具体关键路径""关键路径方法"。

数据日期	必要	手动

数据格式：日期。

行为：记录确定和报告项目状态及进度的日期。

良好实践：数据日期应该在报告日之前，以一定的频率出现。

条件注释/相关组件：

定义：记录项目状态的时间点。在数据日期左边（意味着更早）的任何数据都被认为是历史信息。在数据日期右边（意味着以后）的任何数据是对剩余工作的预测。数据日期也是进行进度和绩效分析的点，也称为"截止日期"。

驱动型资源	可选	手动

数据格式： 标记［由算法确定（布尔值）］。

行为： 定义一个决定活动持续时间的驱动型资源。资源只是能影响活动持续时间的因素之一。

良好实践： 应该在进度计划内考虑驱动型资源。

条件注释/相关组件：

定义： 在资源平衡中直接影响活动持续时间的资源。

挣得进度	可选	计算

数据格式： 数字。

行为： 衡量完成状况。

良好实践： 在进度管理中使用挣值方法时应包括挣得进度。

条件注释/相关组件：

定义： 根据实际挣值的金额识别对应的挣得时间。如果使用项目开始日期和最新数据日期进行计算，那么计算结果可以称为"累积值"。

挣值	必要（ERC）	计算

数据格式： 数字。

行为： 衡量完成状况。

良好实践： 在进度管理中使用挣值方法时应包括挣值。

条件注释/相关组件： 见《挣值管理实践标准》[5]。这个术语也被称为"已完成工作的预算成本"（BCWP）。

定义： 按时间段衡量的完成工作量，不依赖完成任务需要的成本；在工作开始执行前就已经对完成该工作需要的成本进行估算。当任务完成后，EV=BAC。这个值既可以在进度模型任何级别进行计算，也可以用不同数据日期进行计算。如果使用项目开始日期和最新数据日期进行计算，那么计算结果可以称为"累积值"。

挣值测量类型	可选	手动

数据格式：字母数字。

行为：根据项目挣值管理系统（EVMS）中定义的确认挣值的方法，在活动或工作分解结构中使用的测量类型之一，如 0-100、50-50、加权里程碑等。

良好实践：为了整合成本/进度，在进度管理中使用挣值方法时应包括特值测量类型。在进度管理中使用的挣值管理方法应该和在工作包中使用的一样。

条件注释/相关组件：见《挣值管理实践标准》[5]。

定义：在 EVMS 中定义的用于收集进度计划中挣值的特定测量类型，用字母数字表示。

挣值权重	可选	手动

数据格式：数字。

行为：将工作包挣值（EV）的百分比分配给具体的活动。

良好实践：当需要将挣值用百分比进行分配时，在进度模型中的适当地方使用挣值权重。

条件注释/相关组件：见《挣值管理实践标准》[5]。

定义：用百分比的方法，给具体的一组活动分配挣值。

完工估算	必要（ERC）	计算

数据格式：数字。

行为：对总成本的定义，包括实际已经发生的成本，加上完成剩余工作还需要的成本。

良好实践：用一个值表示项目完成时可能的总成本，与项目获得批准的预算无关。

条件注释/相关组件：

定义：AC + ETC，累计实际发生的成本加上独立于预算的、完成剩余工作的预期成本。通常通过计算每个活动的预期成本并在不同层级累加得到 EAC。有许多方法可以用来估算完成剩余的工作还需要的成本。

完工持续时间估算	可选	计算

数据格式: 数字。

行为: 定义总时间长度,包括已经过去的时间,以及完成工作所需的额外时间。

良好实践: 用一个值表示预计项目完成的总时间长度,与项目获得授权的持续时间无关。

条件注释/相关组件:

定义: AT + ETC(t),累计实际发生的时间加上独立于预算的、完成剩余工作的预期时间。通常通过计算每个活动的预期时间并在不同层级累加得到 ETC(t)。有许多方法可以用来估算完成剩余的范围还需要的时间。

完工尚需估算	必要(ERC)	计算

数据格式: 数字。

行为: 定义完成剩余已定义的范围需要的成本,不考虑已经花费或预算的部分。

良好实践: 用一个值表示完成项目剩余部分需要的成本,与项目获得批准的预算无关。

条件注释/相关组件:

定义: 预估完成剩余已定义的范围需要的成本,不考虑已经花费或预算的部分。通常为每个活动评估 ETC 并根据需要在不同层级进行累加。有许多方法可以用来估算完成剩余的范围还需要的成本。

完工尚需时间估算	可选	计算

数据格式: 数字。

行为: 预测完成剩余工作所需的时间,独立于核定的持续时间。

良好实践: 用一个值表示项目完成时可能的总时间长度,与项目获得批准的持续时间无关。

条件注释/相关组件:

定义: 预测完成剩余工作所需的时间,与获得批准的持续时间无关。通常先计算每个活动的 ETC(t),然后在不同层级水平上加总。有许多方法可以用来估算完成剩余工作需要的额外时间。

EVMS 工作包标识	必要（ERC）	手动

数据格式：字母数字。

行为：在进度模型中对 EVMS 工作包进行标识。

良好实践：在进度管理中使用挣值方法时，用工作包标识对成本/进度进行集成。一个工作包可能包含多个 WBS 组件。活动的工作包标识将活动映射到唯一工作包上。

条件注释/相关组件：见《挣值管理标准》[5]和《WBS 实践标准》[4]。

定义：工作包标识是 EVMS 中使用的字母数字代码，指代特定工作包。

目标完成日期	可选（不计分）	手动

数据格式：日期。

行为：活动在某个实际日期开始后，在该活动上强加一个剩余工作的完成日期。在活动上添加目标完成日期的约束依赖进度计划编制工具。

良好实践：约束条件不能成为进度网络逻辑的替代。应该有节制地使用目标完成日期这个约束条件。

条件注释/相关组件：

定义：可以在一个正在进行的、基于 CPM 的进度活动的最早和最晚完成日期上加诸的日期约束，通常以一个固定日期的形式出现，对进度活动完工日期的安排产生影响。此约束要求将"活动剩余持续时间"设置成活动预期完成日期和当前数据日期之间的差值，使得进度活动计划在强加的日期前完成。

不早于某日完成	可选（不计分）	手动

数据格式：日期。

行为：为活动的完成设定一个日期，表明完成该活动不能早于该日期。"不早于某日完成"的行为依赖进度计划编制工具是否提供该功能。

良好实践：约束条件不能成为进度网络逻辑的替代。应该有节制地使用"不早于某日完成"这个约束条件。

条件注释/相关组件：

定义：一个加在进度活动上的日期约束条件，通常以一个固定强制日期的形式出现，对进度活动的进度安排产生影响。"不早于某日完成"的约束条件防止将一个进度活动安排在一个特定日期之前完成。"不早于"约束了 CPM 顺推的计算，也就是说，仅影响进度活动的 CPM 最早日期。

第 4 章　进度模型组件

不晚于某日完成	可选（不计分）	手动

数据格式： 日期。

行为： 为活动完成设定一个日期，表明完成该活动不能晚于该日期。"不晚于某日完成"的行为依赖进度计划编制工具是否提供该功能。

良好实践： 约束条件不能成为进度网络逻辑的替代。应该有节制地使用"不晚于某日完成"这个约束条件。

条件注释/相关组件：

定义： 一个加在进度活动上的日期约束条件，通常以一个固定强制日期的形式出现，对进度活动的进度安排产生影响。"不晚于某日完成"的约束条件防止将一个进度活动安排在一个特定日期之后完成。"不晚于"约束了 CPM 逆推的计算，也就是说，仅影响进度活动的 CPM 最晚日期。

计划完成日期	可选（不计分）	手动

数据格式： 日期。

行为： 在活动上加诸一个应该于某日完成的日期约束。对 CPM 顺推和逆推的计算都产生影响，即影响 CPM 最早日期和最晚日期。换句话说，该活动的总浮动时间只能为 0。该活动的紧前活动和紧后活动可能有不同的浮动时间，因此当进度计划执行日期晚于"计划完成日期"并且活动仍然没有完成时，"计划完成日期"会与进度计划执行日期一并顺延。"计划完成日期"的行为依赖进度计划编制工具是否提供该功能。

良好实践： 约束条件不能成为进度网络逻辑的替代。因为本约束条件会覆盖 CPM 计算结果，一般情况下不应使用本组件。

条件注释/相关组件： 与"强制完成日期"相同。

定义： 一个加在进度活动上的日期约束条件，要求进度活动在一个特定日期完成。任何进度计算都不会覆盖本约束条件，也就是说，"计划完成日期"强制对该活动以后的 CPM 顺推路径设置了最早日期，对该活动之前的 CPM 顺推路径设置了最晚日期。"计划完成日期"也称"必须完成日期"。

完成—完成	可选	手动

数据格式： 字母数字（活动 ID）。

行为： 表明两个活动之间的关系，即紧后活动不能在紧前活动完成之前完成。

良好实践： 除第一个和最后一个活动以外的所有活动，无论是否有其他关系，应该至少有一个"?S"紧前关系和一个"?F"紧后关系，"?"可以是 S 或 F（S 表示开始，F 表示完成）。

条件注释/相关组件：

定义： 一种表示紧后活动必须在紧前活动完成之后才可以完成的逻辑关系。

完成—开始	必要	手动

数据格式： 字母数字（活动 ID）。

行为： 表明两个活动之间的关系，即紧后活动不能在紧前活动完成之前开始。

良好实践： 除第一个和最后一个活动以外的所有活动，无论是否有其他关系，应该至少有一个"?S"紧前关系和一个"?F"紧后关系，"?"可以是 S 或 F（S 表示开始，F 表示完成）。完成—开始关系是最常用的关系。

条件注释/相关组件：

定义： 一种表示紧后活动的开始依赖紧前活动的完成的逻辑关系。

自由浮动时间	必要	计算

数据格式： 数字。

行为： 表明一个活动的最早完成日期可以推迟一段时间，但不会影响该活动的紧后活动的最早开始日期。实际上是一个活动的最早完成日期与其最接近的那个紧后活动的最早开始日期之间的差值。当开始记录项目进展时，这个值是会变化的。当剩余工作、逻辑关系、活动持续时间有更新时，这个值也会随之发生变化。

良好实践： 自由浮动时间可以用于早期显示活动或进度的延迟空间。

条件注释/相关组件：

定义： 一个进度活动可以延迟但不至于影响其紧后活动的 CPM 最早开始日期的时间长度。参见"总浮动时间"，两者类似但不相同。

悬空活动	可选	计算

数据格式： 字母数字。

行为： 表示连接进度计划中两个点或几个 WBS 工作包的活动。

良好实践： 用于支持不同 WBS 工作包中需要的资源。它们应该有逻辑上的联系。

条件注释/相关组件：

定义： 一种连接进度计划中两个点的活动，通常用于承接与时间相关的资源和支持资源。

第 4 章　进度模型组件

滞后量	可选	手动

数据格式： 数字。

行为： 对一个逻辑关系的修正，表明一个紧后活动的开始或完成的延迟。

良好实践： 滞后量不能成为进度网络逻辑的替代。应该谨慎使用滞后量。应该仅在一个活动和另一个活动之间的一段时间保持不变时使用滞后量。滞后量不应占用资源。

条件注释/相关组件：

定义： 对一个逻辑关系的修正，表明允许紧后活动推迟。例如，一个完成—开始关系上有一个 10 天的滞后量，表示紧后活动要到该紧前活动完成 10 天以后才可以开始。参见"提前量"。

提前量	可选（不计分）	手动

数据格式： 数字。

行为： 对一个逻辑关系的修正，表明一个紧后活动的开始或完成的提前，也被认为是"负"的滞后量。

良好实践： 提前量不能成为进度网络逻辑的替代。实际上很少使用提前量。应该仅在一个活动和另一个活动之间的一段时间保持不变时使用提前量。提前量不应占用资源。

条件注释/相关组件：

定义： 对一个逻辑关系的修正，表明允许紧后活动提前。例如，一个完成—开始关系上有一个 10 天的提前量，表示紧后活动可以在该紧前活动完成 10 天前就开始。一个负的提前量等同于一个正的滞后量。参见"滞后量"。

支持型活动	可选	计算

数据格式： 字母数字。

行为： 与定义的 WBS 工作包一致的活动。

良好实践： 用于纵向追溯和自下而上汇总 WBS 工作包。

条件注释/相关组件：

定义： 与同一 WBS 工作包相关的一组活动，作为一个单一活动进行展示/报告。支持型活动适用于不容易衡量进度的工作包。

强制完成日期	可选（不计分）	手动

数据格式：日期。

行为：在活动上加诸一个"活动应该于某日完成"的日期约束。对 CPM 顺推和逆推的计算都产生影响，进而影响 CPM 最早日期和最晚日期。其直接结果是该活动的总浮动时间只能为 0，该活动的紧前活动和紧后活动可能有不同的浮动时间。"强制完成日期"的行为依赖进度计划编制工具是否提供该功能。

良好实践：约束条件不能成为进度网络逻辑的替代。因为本约束条件会覆盖 CPM 计算结果，一般情况下不应使用本组件。

条件注释/相关组件：与"开始于"类似。

定义：一个加在进度活动上的日期约束条件，要求进度活动在一个特定日期完成。任何进度计算都不会覆盖本约束条件。也就是说，"强制完成日期"强制对该活动以后的 CPM 顺推设置了最早完成日期，并对活动之前的 CPM 顺推设置了最晚完成日期。"强制完成日期"也称"必须完成日期"。

强制开始日期	可选（不计分）	手动

数据格式：日期。

行为：在活动上加诸一个"活动应该于某日开始"的日期约束。对 CPM 顺推和逆推的计算都产生影响，进而影响 CPM 最早日期和最晚日期。其直接结果是该活动的总浮动时间只能为 0，该活动的紧前活动和紧后活动可能有不同的浮动时间。"强制开始日期"的行为依赖进度计划编制工具是否提供该功能。

良好实践：约束条件不能成为进度网络逻辑的替代。因为本约束条件会覆盖 CPM 计算结果，一般情况下不应使用本组件。

条件注释/相关组件：与"开始于"类似。

定义：一个加诸进度活动上的日期约束条件，要求进度活动在一个特定日期开始。任何进度计算不会覆盖本约束条件。也就是说，"强制开始日期"强制对该活动以后的 CPM 顺推设置了最早开始日期，并对该活动之前的 CPM 顺推设置了最晚开始日期。"强制开始日期"也称"必须开始日期"。

里程碑	必要	计算

数据格式：标记[由算法决定（布尔值）]。

行为：一个表示重要事件的活动。

良好实践：不需要为里程碑分配资源，里程碑没有持续时间。最低要求是要为一个进度计划设置一个项目开始里程碑和完成里程碑。里程碑标识要有一个独有的形状，如钻石形。

条件注释/相关组件：

定义：项目中的一个重要的时间点或事件。参见"进度里程碑"。

计划价值	必要（ERC）	计算

数据格式： 数字。

行为： 对预计支出分时段进行衡量。

良好实践： 在进度模型中应用挣值方法时，使用计划价值。

条件注释/相关组件： 见《挣值管理实践标准》[5]。这个术语也被称为计划工作预算成本（BCWS）。有时，计划价值也是计划基准。

定义： 管理层批准认可的、为完成定义范围需要的、以时间为衡量的价值。任务完成时，PV=BAC。这个值既可以在进度模型任何级别进行计算，也可以用不同数据日期进行计算。如果使用项目开始日期和最新数据日期进行计算，那么计算结果可以称为"累积值"。

可能风险分布	必要（KRC）	计算

数据格式： 数字。

行为： 为进行风险定量分析，要对活动设置可能的风险分布。常见的可能风险分布包括：钟形曲线、对数正态、均匀分布、三角分布、贝塔分布或离散分布（用户自定义）。

良好实践： 也许可以在《项目组合、项目集和项目风险管理实践标准》[6]中查看相关内容。应该为每个活动设置可能风险分布。分布数据通常是主观决定的，在风险评审和讨论会上从项目参与者和其他专家那里收集数据。

条件注释/相关组件：

定义： 定义可能观察到或即将观察到的特定属性或属性范围的概率。

项目实际持续时间	必要	计算

数据格式： 数字。

行为： 定义从项目开始以来已经过去的时间长度。

良好实践：

条件注释/相关组件：

定义： 对于正在进行中的项目，是项目实际开始日期与进度模型数据日期之间的总工作时间，对于已完成的项目，则是项目实际完成日期与实际开始日期之间的总工作时间。

项目实际完成日期	必要	计算

数据格式： 日期。

行为： 根据最后一个活动的实际完成日期定义整个项目的实际完成日期。

良好实践：

条件注释/相关组件：

定义： 项目进度中最后一个活动的"活动实际完成日期"的时间点。

项目实际开始日期	必要	计算

数据格式： 日期。

行为： 定义项目中最早的活动的实际开始日期。

良好实践：

条件注释/相关组件：

定义： 项目进度中最早一个活动的"活动实际开始日期"的时间点。

项目日历	必要	手动

数据格式： 日期/时间。

行为： 定义项目默认的工作时间。

良好实践： 在项目层面构成主要的或默认的工作日历。

条件注释/相关组件：

定义： 一个含有工作时间和非工作时间的日历，定义什么时候开展活动，什么时候活动处于暂停状态，该日历特别定义了节日、周末和轮班时间。项目日历将首先被用于进度活动和资源。参见"活动日历"和"资源日历"。

项目成本类别	可选	手动

数据格式： 字母数字。

行为： 在项目范围内为具体的成本账户提供额外的分解细目。

良好实践： 根据会计需要，把成本细分为直接成本、间接成本、劳动力成本、物料成本、设备成本等。

条件注释/相关组件：

定义： 把传统会计账目结构和项目成本会计结构进行关联的会计元素。

第 4 章 进度模型组件

项目描述	可选	手动
数据格式： 字母数字。		
行为： 简称项目。		
良好实践： 应该概括描述整个项目的工作范围。		
条件注释/相关组件：		
定义： 文档化的、对项目范围进行描述的概要陈述。		

项目持续时间完成百分比	必要（参见项目实际完成百分比）	计算
数据格式： 数字（小数）。		
行为： 用占项目总计划持续时间百分比的方式表示项目实际进展。		
良好实践：		
条件注释/相关组件： 要么使用项目持续时间完成百分比，要么使用项目实际完成百分比，二者选其一。		
定义： 用一个百分数来表示对整个项目的持续时间中已经完成的部分的估算。		

项目最早完成日期	必要	计算
数据格式： 日期。		
行为： 定义最后一个活动的最早完成日期。		
良好实践： 通过 CPM 计算得出。		
条件注释/相关组件：		
定义： 项目中最后一个活动的最早完成日期的那个时间点。		

项目最早开始日期	必要	计算
数据格式： 日期。		
行为： 根据 CPM 顺推，定义项目中第一个活动的 CPM 最早开始日期。		
良好实践： 通过 CPM 计算得出。		
条件注释/相关组件：		
定义： 项目中第一个活动的最早开始日期的那个时间点。		

项目完成约束条件	可选	手动

数据格式：日期。

行为：为 CPM 逆推计算提供初始点。该约束条件主要用于为进度模型中没有紧后活动且没有 CPM 逆推约束的进度活动提供逆推的起始时间。这个日期可能早于或晚于根据 CPM 顺推得到的项目完成日期。

良好实践：完成日期通常由客户定义，应该包括在进度模型中。要花精力创建一个可实现的、不出现负总浮动时间的进度模型。应该得到一个风险程度在所有干系人都能接受的范围内的进度模型。如果不能达成这个目标，那么应该通知定义这个约束条件（完成日期）的干系人并讨论相应的风险规避计划。

条件注释/相关组件：

定义：在项目最晚完成日期上表示要求项目在何时完成的限制或制约条件，通常以一个固定日期的形式出现。

项目最晚完成日期	必要	计算

数据格式：日期。

行为：根据 CPM 顺推，定义最后一个活动的最晚完成日期。

良好实践：通过 CPM 计算得出。

条件注释/相关组件：

定义：项目中最后一个活动的最晚完成日期的那个时间点。

项目最晚开始日期	必要	计算

数据格式：日期。

行为：根据 CPM 逆推，定义第一个活动的最晚开始日期。

良好实践：通过 CPM 计算得出。

条件注释/相关组件：

定义：项目中第一个活动的最晚开始日期的那个时间点。

项目名称	必要	手动

数据格式： 字母数字。

行为： 简明扼要地表述项目。

良好实践：

条件注释/相关组件：

定义： 每个项目都要有一个短语或标签，与项目标识一起使用，对一个计划中的一个项目和另一个项目进行区分，也称"项目标题"。

项目实际完成百分比	必要（参见项目持续时间完成百分比）	计算

数据格式： 数字（小数）。

行为： 用项目实际完成百分比表示项目实际进展。在项目层面，这个值通常使用挣值管理技术计算得来。记录活动进展的时候，就等于记录了活动挣得的价值。

良好实践： 依据《项目挣值管理实践标准》[5]进行计算。项目实际完成百分比通过将汇总的挣值除以相同单位下的项目预算而得到。

条件注释/相关组件： 需要使用挣值技术。要么使用项目持续时间完成百分比，要么使用项目实际完成百分比，二者选其一。

定义： 用一个百分数来表示，通过对项目中已经实际完成的工作总数的计算，衡量项目的整体进展情况。

项目剩余持续时间	必要	计算

数据格式： 数字。

行为： 定义从数据日期开始还需要多少时间完成项目。

良好实践： 项目一旦开始，只要在汇报时间内尚未完成，就要对完成剩余工作需要的时间进行估算。

条件注释/相关组件：

定义： 工作日历上的工作单元的总数，对于一个尚未开始的项目而言是该项目的初始估算时间，对于至少有一个活动开始的项目而言，则等于进度计划的编制日期和估计的项目最早完成日期间的差值。这个值表示了项目开始后，要完成项目需要的时间。

项目资源实际数量	必要（RRC）	手动/计算

数据格式： 数字。

行为： 衡量截至数据日期项目的资源使用情况。

良好实践： 应该定义并分配资源。分配资源时应使用项目资源实际数量。

条件注释/相关组件：

定义： 表示截至数据日期项目资源的使用数量。

资源平衡的项目完成日期	可选	计算

数据格式： 日期。

行为： 根据资源限制情况确定项目的最早完成日期。

良好实践： 应该定义并分配资源。当分配了资源且存在资源过载时，应使用资源平衡的方法。

条件注释/相关组件：

定义： 在一个资源受限的进度计划中，根据资源限制情况推算出的项目最后一个进度活动完成的时间点。

资源平衡的项目开始日期	可选	计算

数据格式： 日期。

行为： 根据资源限制情况确定项目的最早开始日期。

良好实践： 应该定义并分配资源。当分配了资源且存在资源过载时，应使用资源平衡的方法。

条件注释/相关组件：

定义： 在一个资源受限的进度计划中，根据资源限制情况推算出的项目第一个进度活动开始的时间点。

项目资源剩余数量	必要（RRC）	计算

数据格式： 数字。

行为： 衡量截至数据日期完成项目所需的资源。

良好实践： 一旦项目开始但在报告期内未完成，就需要确定完成项目仍需要的资源。

条件注释/相关组件： 资源分配会对活动剩余持续时间产生影响。

定义： 表示截至数据日期完成项目剩余活动所需资源的数量。

项目资源总数	必要（RRC）	手动/计算

数据格式：数字。

行为：通常用资源类型和数量表示项目资源分配情况。

良好实践：应该定义并分配资源。分配资源时应该使用项目资源总数。

条件注释/相关组件：

定义：表示在项目所有活动上分配的资源数量。

项目开始约束条件	可选	手动

数据格式：日期。

行为：为项目的顺推提供起始点。在一个进度模型中，为没有紧前活动且没有顺推约束条件的活动提供开始日期，以便进行顺推计算。

良好实践：通常开始日期由客户决定，并包括在进度模型中。要花精力来编制一个满足项目开始约束条件的可实现的进度计划。这项工作应该考虑所有可用的资源，并得到一个对所有干系人来说风险可控的进度计划。如果没有完成这项工作，应该通知决定项目开始约束条件的干系人，并制订一个相应的弥补计划。

条件注释/相关组件：

定义：在表示项目何时可以开始的最早开始日期上加一个限制或约束条件，通常以一个固定日期的形式出现。

项目总持续时间	必要	计算

数据格式：数字。

行为：定义项目从开始到完成的持续时间。

良好实践：

条件注释/相关组件：

定义：项目工作日历上的完成项目需要的总时间长度。对一个进行中的项目而言，它包括项目实际持续时间和项目剩余持续时间。

资源分配	必要（RRC）	手动

数据格式：数字。

行为：将资源分配到活动上。

良好实践：应该定义并分配资源。分配资源时应使用资源分配。

条件注释/相关组件：

定义：为具体的进度模型元素分配资源的活动。

资源可用性	必要（RRC）	手动

数据格式：字母数字。

行为：为支持项目所需要的资源定义其可用性。

良好实践：这个值不反映某个具体资源的当前分配情况。

条件注释/相关组件：

定义：根据恰当的资源日历，可以在项目中使用指定资源的日期和工作时间总数量。

资源日历	必要（RRC）	手动

数据格式：日期/时间。

行为：为资源定义可工作时间段。

良好实践：

条件注释/相关组件：

定义：在资源层面定义工作时间和非工作时间，形成一种日历。特别定义了和资源有关的节日和资源可用的时间段。参见"项目日历"和"活动日历"。

资源描述	必要（RRC）	手动

数据格式：字母数字。

行为：用短句描述资源极其关联领域。

良好实践：应该定义并分配资源。一旦定义了资源，那么就需要进行资源描述。所有资源描述应该是唯一的。

条件注释/相关组件：

定义：标识资源的短句，如类型、角色或个体，也称"资源名称"。

资源标识	必要（RRC）	计算

数据格式：字母数字。

行为：标识被分配的资源。

良好实践：应该定义并分配资源。一旦定义了资源，那么就需要使用资源标识。所有资源标识应该是唯一的。

条件注释/相关组件：

定义：为了区别不同的资源，给每个资源分配一个简短且唯一的数字或文本标识。通常，资源标识在同一个项目中是唯一的。

资源滞后量	可选	手动

数据格式：数字。

行为：定义一个活动开始后某个特定资源才可以开始工作的时间。

良好实践：应该定义并分配资源。只有在一个活动的开始日期和资源投入日期之间存在一个不变的时间段时，才可以使用资源滞后量。

条件注释/相关组件：

定义：某个进度活动开始之后，资源开始进行该活动之前，需要等待若干日历单位的值。

资源库/字典	必要（RRC）	手动

数据格式：字母数字。

行为：提供应用于进度模型中的活动的资源清单。

良好实践：应该定义并分配资源。资源库/字典应该用一个有意义的结构进行组织。

条件注释/相关组件：

定义：一个书面的、囊括了所有可以为项目活动进行分配的资源（包括资源属性）的完整表格，也称"资源字典"。

资源单价/价格	可选	手动

数据格式：数字。

行为：为具体的资源定义单位时间成本。

良好实践：应该定义并分配资源。分配资源时应使用资源单价/价格。

条件注释/相关组件：

定义：为特定资源设置的单位价格，包括可以预见的价格提升。

资源类型	必要（RRC）	手动

数据格式：字母数字。

行为：定义资源的类型。

良好实践：应该定义并分配资源。一旦定义了资源，那么就需要使用资源类型。

条件注释/相关组件：

定义：根据资源的技能、能力或其他属性对资源进行唯一性区分。单个资源有一个资源类型，若干资源可以共享一个资源类型。

风险标识	必要（KRC）	手动/计算

数据格式： 字母数字。

行为： 在项目风险登记册上对风险进行区别。

良好实践： 可以在《项目组合、项目集和项目风险管理标准》[6]中找到。在适当的情况下，风险标识可以和进度模型中的活动进行对应。

条件注释/相关组件：

定义： 在项目风险登记册上，为每个风险分配一个简短且唯一的数字或文本标识。

进度模型标识	必要	手动

数据格式： 字母数字。

行为： 对进度中的项目进行标识。

良好实践： 既可以自动生成一个唯一标识，也可以遵守适合企业的编码规则生成一个标识。使用合乎逻辑的结构或"编码"生成进度模型标识更有帮助。

条件注释/相关组件：

定义： 为每个进度模型分配一个简短且唯一的数字或文本标识，以区分不同的进度模型。也称"项目标识"。

进度模型实例	必要	计算

数据格式： 字母数字。

行为： 表明了进度模型的版本。

良好实践： 一直会有版本更新，因此版本号应该以一致的方式递增，从而产生不同版本的进度计划。

条件注释/相关组件：

定义： 关于进度模型例子的称呼。进度模型实例包括截止日期、版本号和商定的版本代码等。进度模型实例也称"进度模型版本"。

进度模型级别	可选	手动

数据格式： 数字。

行为： 用级别或颗粒度定义进度模型或其视图的详细程度。

良好实践： 不论整体进度模型的物理级别有多少，推荐使用以下进度模型级别定义：

- 0级——项目级。一条进度线代表整个项目，通常用于项目组合、项目集中的项目。
- 1级——常务级。总结型进度模型，仅用一页概括主要合同里程碑以及总体活动情况。
- 2级——管理级。涉及更多管理方面信息的进度模型，通常用4~5页展示1级进度概要、在同一层级上的不同领域或资本设备上的类似活动进度。
- 3级——公开级。信息的详细程度可以用来支持月度报告的进度模型，应该包括所有主要的里程碑，工程、采购、施工、启动等。
- 4级——执行级。可以支持施工和调试小组对他们的项目工作进行计划的进度模型。一般而言，应展示所有持续时间超过1周的活动。3周的前瞻计划应根据4级及以上级别的进度计划产生。
- 5级——明细级。这个级别的进度计划主要支持规划具体短期活动，通常针对那些持续时间短于一周的活动开展。关键区域或权变措施可以在这里产生。

条件注释/相关组件：

定义： 项目团队在整个进度模型中为进度活动的级别或颗粒度制定的规则。

进度模型视图	必要	手动

数据格式： 图形。

行为： 展示进度数据。

良好实践：

1. 进度模型活动的可视化展示应该使用横道图。
2. 输出应该描述产生输出的日期。
3. 应该包括输出和输出中主要项目的说明。
4. 输出应该包括当前数据日期和当前进展状况。
5. 任何项目网络图都应该尽可能没有交叉逻辑，以保证有更多空间展示活动间的关系线（以图2-3为例）。

条件注释/相关组件：

定义： 进度模型实例的输出，用于传递项目特定数据，以进行报告、分析和制定决策。

进度绩效指数	可选	计算

数据格式：数字。

行为：通过比较已完成工作和计划工作，定义进度绩效。

良好实践：在进度管理中使用挣值方法时要包括进度绩效指数。

条件注释/相关组件：见《项目挣值管理标准》[5]。

定义：等于 EV/PV，是基于时间的计算，用来衡量进度绩效状况。这个值既可以在进度模型任何级别进行计算，也可以用不同数据日期进行计算。如果使用项目开始日期和最新数据日期进行计算，那么计算结果可以称为"累积值"。

基于时间的进度绩效指数	可选	计算

数据格式：数字。

行为：通过已完成工作与实际执行时间的比值定义进度绩效。

良好实践：在进度管理中使用挣得进度方法时要包括基于时间的进度绩效指数。

条件注释/相关组件：

定义：挣得进度与实际执行时间的比值，用于衡量相对于计划进度的进度绩效。这个值既可以在进度模型任何级别进行计算，也可以用不同数据日期进行计算。如果使用项目开始日期和最新数据日期进行计算，那么计算结果可以称为"累积值"。

进度偏差	可选	计算

数据格式：数字。

行为：实际项目绩效与计划绩效之间的偏差。

良好实践：在进度管理中使用挣值方法要包括进度偏差。

条件注释/相关组件：见《项目挣值管理实践标准》[5]。

定义：等于 EV–PV，是基于时间的计算，用来衡量进度绩效状况。这个值既可以在进度模型任何级别进行计算，也可以用不同数据日期进行计算。如果使用项目开始日期和最新数据日期进行计算，那么计算结果可以称为"累积值"。

第 4 章　进度模型组件

进度偏差百分比	可选	计算

数据格式：数字。

行为：对实际项目绩效和计划绩效之间的偏差的衡量。

良好实践：在进度管理中使用挣值方法时要包括进度偏差百分比。

条件注释/相关组件：见《项目挣值管理标准》[5]。

定义：等于 100% × (EV–PV) / PV，是基于时间的计算，用来衡量进度绩效状况。这个值既可以在进度模型任何级别进行计算，也可以用不同数据日期进行计算。如果使用项目开始日期和最新数据日期进行计算，那么计算结果可以称为"累积值"。

基于时间的进度偏差	可选	计算

数据格式：数字。

行为：对实际时间和进度绩效之间的偏差的衡量。

良好实践：在进度管理中使用挣得进度方法时要包括基于时间的进度偏差。

条件注释/相关组件：

定义：挣得进度（ES）与实际时间（AT）的偏差，用于衡量相对于进度计划的执行情况。这个值既可以在进度模型任何级别进行计算，也可以用不同数据日期进行计算。如果使用项目开始日期和最新数据日期进行计算，那么计算结果可以称为"累积值"。

不早于某日开始	可选（不计分）	手动

数据格式：日期。

行为：在活动完成日期上加诸一个日期，表明不能在该日期前开始。"不早于某日开始"的行为仅影响活动的最早开始日期，从而对顺推的计算产生影响。

良好实践：约束条件不能成为进度网络逻辑的替代。应该有节制地使用"不早于某日开始"这个约束条件。

条件注释/相关组件：

定义：一个加在进度活动上的日期约束条件，通常以一个固定强制日期的形式出现，对进度活动产生影响。"不早于某日开始"的约束条件防止将一个进度活动安排在一个特定日期之前开始。

不晚于某日开始	可选（不计分）	手动

数据格式：日期。

行为：在活动完成日期上加诸一个日期，表明该活动不能晚于该日期开始。

良好实践：约束条件不能成为进度网络逻辑的替代。应该有节制地使用"不晚于某日开始"这个约束条件。

条件注释/相关组件：

定义：一个加在进度活动上的日期约束条件，通常以一个固定强制日期的形式出现，对进度活动产生影响。"不晚于某日开始"的约束条件防止将一个进度活动安排在一个特定日期之后开始。

开始于	可选（不计分）	手动

数据格式：日期。

行为：在活动上加诸一个应该于某日开始的日期约束。对 CPM 顺推和逆推都产生影响，即影响 CPM 最早日期和最晚日期。换句话说，该活动的总浮动时间只能为 0。该活动的紧前活动和紧后活动可能有不同的浮动时间，因此当进度计划执行日期晚于"开始于"并且活动仍然没有开始时，"开始于"会与进度计划执行日期一并顺延。"开始于"的行为依赖进度计划编制工具是否提供该功能。

良好实践：约束条件不能成为进度网络逻辑的替代。因为本约束条件会覆盖 CPM 计算结果，一般情况下不应使用本组件。

条件注释/相关组件：

定义：一个加诸进度活动上的日期约束条件，要求进度活动在一个特定日期开始。任何进度计算都不会覆盖本约束条件，也就是说，"开始于"强制对该活动以后的 CPM 顺推设置了最早日期，对该活动之前的 CPM 顺推设置了最晚日期。

开始—完成	可选（不计分）	手动

数据格式：字母数字（活动标识）。

行为：明确两个活动间紧后活动必须在紧前活动开始后才能结束。

良好实践：除了第一个和最后一个活动的所有活动，无论是否有其他关系，应该至少有一个"?S"紧前关系和一个"?F"紧后关系，"?"可以是 S 或 F（S 表示开始，F 表示完成）。

条件注释/相关组件：

定义：一种表示紧后活动必须在紧前活动开始之后才可以结束的逻辑关系。参见"逻辑关系"。

开始—开始	可选（不计分）	手动

数据格式：字母数字（活动标识）。

行为：明确紧后活动必须在紧前活动开始后才能开始。

良好实践：除了第一个和最后一个活动的所有活动，无论是否有其他关系，应该至少有一个"?S"紧前关系和一个"?F"紧后关系，"?"可以是 S 或 F（S 表示开始，F 表示完成）。

条件注释/相关组件：

定义：一种表示紧后活动必须在紧前活动开始之后才可以开始的逻辑关系。参见"逻辑关系"。

汇总活动	可选	计算

数据格式： 字母数字。

行为： 从下一层级活动中汇总信息。可以用一个汇总活动的方式体现。

良好实践： 用于纵向追溯和自下而上汇总。

条件注释/相关组件：

定义： 一组相关进度活动整合在一定层级并进行汇总，以一个汇总活动的方式进行展示/汇报。参见"子网络"和"子项目"。

目标进度模型	可选	计算

数据格式： 不限定。

行为： 为目标进度模型采集合适的进度组件。

良好实践：

条件注释/相关组件：

定义： 目标计划模型是进度模型的一个副本，用于与其他进度模型比较。目标进度模型可以从任意一个进度模型版本中演化而来，如最近更新版本。

完工尚需绩效指数	可选	计算

数据格式： 数字。

行为： 当 EAC 或 BAC 指定时，衡量完成项目所需的成本绩效。

良好实践： 在使用挣值方法时要包括完工尚需绩效指数（TCPI）。

条件注释/相关组件： 见《挣值管理实践标准》。

定义： TCPI 等于剩余工作量除以剩余预算（或获得批准的剩余资金）。

$TCPI_{BAC} = (BAC - EV_{CUM}) / (BAC - AC_{CUM})$

$TCPI_{EAC} = (EAC - EV_{CUM}) / (EAC - AC_{CUM})$

完工尚需进度绩效指数	可选	计算

数据格式： 数字。

行为： 在规定的估计持续时间或计划持续时间内完成项目所需的进度绩效。

良好实践： 在使用挣得进度方法时要包括完工尚需绩效指数（TSPI）。

条件注释/相关组件：

定义： TSPI 等于剩余持续时间除以剩余估计持续时间（或获得批准的剩余时间）。

TSPI =（PD − ES）/（PD − AT）

TSPI =（PD − ES）/（ED − AT）

总浮动时间	必要	计算

数据格式： 数字。

行为： 体现了一个活动在不影响项目 CPM 最晚完成日期或不违背进度约束条件的情况下，可以推迟其 CPM 最早开始日期或 CPM 最晚完成日期的总时间数。它等于根据 CPM 顺推和逆推分别得到的活动的 CPM 最晚日期和 CPM 最早日期间的差值。当进度进展被记录后，这个值会随之改变。这个值还会根据剩余活动的逻辑关系或持续时间的修订而改变。

良好实践： 总浮动时间可以用来对项目完成日期潜在的延期可能提供早期暗示。这是通过对项目完成里程碑加诸一个于某日完成的约束条件来实现的。

条件注释/相关组件：

定义： 一个活动在不影响项目 CPM 最晚完成日期或不违反进度约束条件的情况下，可以推迟其 CPM 最早开始日期或 CPM 最晚完成日期的总时间数。通过关键路径方法，用 CPM 最晚完成日期减去 CPM 最早完成日期，或用 CPM 最晚开始日期减去 CPM 最早开始日期，差值结果以日历单位表示。总浮动时间小于零，意味着活动的 CPM 最晚日期早于 CPM 最早日期，表示该条路径上的活动不能及时完成，以满足项目的 CPM 最晚完成日期约束。总浮动时间大于等于零，则意味着路径上的活动能及时完成，以满足项目的 CPM 最晚完成日期约束，而且路径上的一些进度活动可以延迟开展。参见"自由浮动"。

衡量单位	必要	手动

数据格式： 字母数字。

行为： 在进度模型中为不同的组件提供量化单位。

良好实践： 应贯穿整个进度模型，定义统一的衡量单位。

条件注释/相关组件：

定义： 用于衡量数量的名称，如工时、立方码或代码行。

偏差	可选	计算

数据格式：数字。

行为：从一个参考日期点开始衡量偏移量（如开始日期、完成日期、成本、基准日期，以及持续时间）。

良好实践：应该定期检查偏差值的变化趋势，尽早识别实际和计划的偏离，并决定是否需要采取纠正措施。

条件注释/相关组件：

定义：用合适的单位，如工作日或货币，表示两个选定的属性之间的差值。

WBS 标识	必要	手动/计算

数据格式：字母数字。

行为：将活动和项目 WBS 上的任务进行对应。在 WBS 中定义活动的"父元素"。

良好实践：可以在《工作分解结构实践标准》[4]中获得更多的信息。

条件注释/相关组件：

定义：为每个 WBS 元素分配一个简短且唯一的数字或文本标识，用于将项目中某个特定的 WBS 元素和其他 WBS 元素区分开。

第 5 章

一致性指数

本章主要针对一致性指数过程进行概述，分为以下几个部分：

5.1 一致性概述

5.2 一致性评估过程

每个部分还提供了有关本实践标准的术语和内容的附加信息。

5.1 一致性概述

一致性指数为评估具体的进度模型是否符合本实践标准第 4 章列举的组件的定义、行为和良好实践提供了方法。一些项目经理可能选择不使用某些核心必要组件（CRC）。如果是这样的话，那么他们所创建的进度模型就与本实践标准不相一致，结果也是不可取的。基本规则是，一致性指数越高，进度模型组件使用的准确性越高，进度模型所代表的进度计划也越可能是合理的。一致性指数的结果还可以指出哪些地方是进度模型中的薄弱环节，需要改进。在进度模型中，可以使用的每个组件都有相应的定义、行为和良好实践。进度模型的一致性是通过将本实践标准中定义的组件在进度模型中存在的合理性与使用的正确性，与其相应的良好实践相比较而得到的。

5.1.1 组件的类型

第 4 章中所列的组件可以分为：

- 必要组件，在进度模型中必须出现的组件。

- 可选组件，在进度模型中可以选择性出现的组件，不是必需的。

- 不计分组件（NS），可能在进度模型中出现的可选组件，但不纳入一致性指数评分的范围。

必要组件又可以分为下列 4 组：

- 核心必要组件（CRC），无论项目的复杂程度如何，都必须有的组件。

- 资源相关组件（RRC），在项目文件中说明，当需要记录资源负荷时使用的组件。

- EVM 相关组件（ERC），在项目文件中说明，当用 EVM 进行项目管理时使用的组件。

- 风险相关组件（KRC），在项目文件中说明，在制订和维护进度计划的过程中考虑风险时使用的组件。

5.1.2 组件的使用

通常情况下，项目规模、项目复杂度、进度管理专员或项目管理团队的经验决定了如何在具体的进度模型中使用进度组件。为了与本实践标准保持一致，无论项目在进度管理上有无自定义要求，进度模型中必须有核心必要组件（CRC）。对于其他类型的组件，则需要根据具体项目的要求进行使用。通常在不同的项目文件中记录了这些要求，常见的有组织过程资产、项目合同语言、项目的进度管理计划等，当然，也可能记录在其他书面文档中。

依据项目要求的不同，有条件地使用 RRC、ERC 和 KRC。举例来说，如果项目需要考虑资源加载情况，但没有其他关于挣值管理或风险管理的要求，那么需要使用的组件就是 CRC+RRC。以此类推，当项目对某方面有要求的时候，就需要在 CRC 上增加相应的组件。如果资源、风险和挣值都要求，那么需要的组件就是 CRC+RRC+ERC+KRC。随着项目要求的复杂度增加，需要的进度组件数也会相应增加。

为了达到最低可接受的一致性水平，要充分使用所需要的组件。如果项目文件中没有明确要求，那么该项目只需要使用 CRC 组件就可以了，RRC、ERC、KRC 组件仍然是该项目的可选组件。附录 C 提供了对进度计划的一致性指数进行打分的方法，将组件分为 3 种基本类型：核心必要组件（CRC）、条件必要组件（RRC、ERC、KRC）和可选组件。

一致性指数过程提供了根据使用的可选组件对一致性指数评分进行调整的方法。一个组件本身的存在，并不足以给一致性指数获得加分。只有当可选组件的使用符合第 4 章描述的良好实践时，才能给一致性指数加分。不计分组件可以在进度模型中出现，但根据第 4 章的定义，不在一致性指数的计分之内。

5.1.3　一致性评估

评估过程分为两部分：必要组件的运用；可选组件的运用。这两部分分数相加，得到总指数值。也就是说，将这两部分的得分相加，得到最终的一致性指数评分。评估过程在 5.2 节中有更详细的描述。关键是，需要在一致性指数打分之前提供必要组件清单。必要组件会根据项目的要求不同而变化。然而，无论项目范围如何复杂，CRC 组件必须使用。

通过评估，如果进度模型中包含了恰当的必要组件，并且正确使用了可选组件，那么一致性指数评分就比较高。只有恰当选择且完全符合第 4 章所阐述的可选组件的定义、行为和良好实践，可选组件的使用才能获得分数。可选组件应该在具体项目需要的时候才使用，而不应为了获得一致性指数加分而使用。作为一个通用原则，建议只针对相对成熟的组织或相对复杂的项目使用可选组件。还没有使用所有必要组件的进度模型，可以被认为是创建中的进度模型。创建中的进度模型也可以进行一致性指数评估，但只能获得"不满足最低一致性要求"的结论。

进度模型一致性指数评估过程在设计上支持手动评估。当进度模型正确使用了一个组件时，可以得 1 分。进度模型实际获得的总分（必要组件得分加上可选组件得分）与进度模型理论上可以获得的总分相比较，得到一致性指数，用 0~100% 表示。必要组件是这种方法唯一的例外。如前文所述，如果没有完全（100%都用到）使用项目要求定义的必要组件，那么进度模型就没有达到本实践标准的最低一致性要求。如果达到了最低要求，那么得分会从一个最低值开始增加，32分为最低分（只使用了36个必要组件），100分为最高分（使用了所有组件）（见表5-1）。如果一个进度模型得到最低分32分，则表明该进度模型仅得到了必要组件得分，即每个进度模型都必须达到的分数。

如果评估者认定进度模型没有达到最低的一致性要求，评估者可以终止一致性评估，或者继续进行一致性评估，从而帮助组织识别需要改进的方面。在这种情况下，无论进度模型最后得到多少分，评估者都不会记录进度模型的一致性指数得分，因为进度模型没有达到一致性最低要求。

5.2 一致性评估过程

附录C包含了一系列进度组件，根据必要组件（CRC）、条件必要组件（RRC、ERC、KRC）和可选组件分类。表5-1表明了不同类别下的最大组件数及可获得分数的最大组件数。不参与评分的组件不在这个表中，因此本表中的组件总数不等于第4章中所述的组件总数。使用附录C，评估者可以决定被评估的进度模型是否使用了每种必要组件。进度管理专员应该完全理解每个必要组件和可选组件的良好实践。

表5-1 分类组件数

必要组件	条件必要组件			可选组件	总数
CRC	RRC	ERC	KRC	可选	
36	13	9	7	46	111

当开始评估过程时，评估者应该先确定以下问题的答案：

◆ 有资源负荷的需求吗？

◆ 有使用挣值管理的需求吗？

◆ 有使用以进度为基础的风险管理的需求吗？

如果以上问题的答案都是"是",那么进度模型需要在 CRC 之外增加相应的组件。在任何进度模型中都应该使用 CRC。条件必要组件如何影响一致性评估条件的示例如下:

- 如果需要考虑资源负荷,那么 RRC 就是必要的,进度模型的最少必要组件是 CRC + RRC。
- 如果需要考虑挣值管理,那么 ERC 就是必要的,进度模型的最少必要组件是 CRC + ERC。
- 如果需要考虑风险管理,那么 KRC 就是必要的,进度模型的最少必要组件是 CRC + KRC。
- 如果需要考虑资源负荷和挣值管理,那么进度模型的最少必要组件是 CRC + RRC + ERC。
- 如果需要考虑资源负荷、挣值管理和风险管理,那么进度模型的最少必要组件是 CRC + RRC + ERC + KRC。

根据项目要求,每个项目的一致性指数得分各不相同,等于必要组件(CRC)得分加所需条件组件(RRC/ERC/KRC)得分。这个得分被称为"必要组件得分",属于评估过程的第一部分。

评估过程的第二部分是由可选组件贡献的。例如,如果 KRC 组件不是项目必要组件,那么所有风险相关的组件就被认为是可选的。一旦将必要组件的分数累加,那么剩余组件就可以作为可选组件累加分数,得到"可选组件得分"。评估者需要审查剩余可选组件,如果它们被合理使用,那么可以获得相应分数。

每个可选组件同样得 1 分。评估者加总所有必要组件和可选组件获得的分数,得到一个初步分数。如果进度模型没有获得所有必要组件分数,那么就不能获得最终总得分。当然,可以分享这个初步分数给项目团队,这样他们就能明白哪个领域需要改进。最后,用最终总得分除以理论可得总分,得到一致性指数。这个指数以百分比形式出现,就是进度模型的一致性指数评估值。

当进度模型与本实践标准的一致性及其隐含的进度模型的成熟度的评估完成时:

- 评估者确定给定的进度模型在评估体系中的位置。
- 进度管理专员可以决定在评估体系中向前推进的具体后续行动。

一致性指数越高,并不意味着进度模型越好。但是,它能表明实现项目目标的概率更高。附录 D 包括一个空白打分表,以及一些示例。

附录 A

《进度管理实践标准》（第3版）修订的内容

本附录提供了关于《进度管理实践标准》（第2版）修订为《进度管理实践标准》（第3版）时所做的关键修改。

项目委员会获得发起人授权，负责修订和改进《进度管理实践标准》（第2版）。以下是列入修订范围的内容：

- 增加敏捷领域相关内容。
- 所有为考虑纳入或扩展而带来的输入（如资源规划、分析、BIM 和基于位置的进度计划，以及论证性进度计划和分析）。
- 较晚收到的对于《进度管理实践标准》（第2版）的建议和反馈。
- 与 PMI 进度管理专业人士（PMI-SP）®考试规范一致的内容。

此外，还考虑了下列来源和标准：

- 关键主题和概念与 PMI 基本标准相一致。
- 与 PMI 项目管理术语词典相一致。
- 标准成员咨询小组的建议。
- 主题专家评审的建议。
- 对征求意见稿进行审阅后的建议。

第3版着重为第2版中所描述主题增加更多清晰度。

第3版最大的变化是对于进度管理扩展使用敏捷和其他自适应方法，从而支持《PMBOK®指南》和《敏捷实践指南》对敏捷方法的覆盖。

基于对第 2 版提出的增加更多图形的建议，在第 3 版中，图形有了显著增加。

《进度管理实践标准》(第 3 版)还扩展和介绍了其他方法和新兴趋势，包括基于位置的进度计划、按需进度计划、精益进度计划、智能系统、平衡线、建筑信息建模，以及用于监控的挣得进度方法。

附录结构进行了修改，增加了两个附录：

- ◆ 附录 A 《进度管理实践标准》(第 3 版)修订的内容——描述从第 2 版到第 3 版的关键变更。
- ◆ 附录 E 论证性进度分析——提供对论证性进度分析主题的介绍。

附录 B

《进度管理实践标准》(第3版)的贡献者和审阅者

本附录以分组的形式列出了对《进度管理实践标准》(第 3 版)的编写和成书做出贡献的人员。PMI 感谢全体人员对项目管理专业的支持和贡献。

B.1 核心委员会

以下人员是文字内容或概念的贡献者,在核心委员会中担任领导者:

Bridget Fleming, Chair, MCP, PMI-SP, PMP
Harold "Mike" Mosley, Jr., Vice Chair, PE, PMP
Jeanine Cooper, OCP, PMI-SP, PMP
Charles T. Follin, PMP
Charles Gallagher, MBA, PMP
M. Elaine Lazar, MA, MA, Astd, PMI Standards Project Specialist
Sanjay Mandhan, MBA, PMP
Fernando Nunes de Oliveira, PMI-SP, PMI-RMP, PMP
Gilberto Regal Rodríguez, PMI-SP, PMP

B.2 审阅者

B.2.1 SME 审阅者

除委员会成员外，以下人员对标准草案进行审阅，并提供有关建议：

James Aksel, PMP
Erik J. Brenner, MBA, PMP
Panos Chatzipanos, PhD, Dr Eur Ing
Jennifer C. Fortner, MSA, PMP
Ivo Gerber, PMI-ACP, PgMP
Walter Lipke, PE, MS, PMI Eric Jenett Award
Norman Patnode
Gary J. Sikma, PMI-ACP, PMP
Dave Violette, MPM, PMP
Laura A. Williams, PMI-SP, PMP

B.2.2 征求意见稿的审阅者和贡献者

除委员会成员外，以下人员对征求意见稿提供了改进建议：

Abdalilah Hamed Abbas, PMI-RMP, PMP
Majed Abdeen, MSc, PMP
Ahmad Khairiri Abdul Ghani, Eur Ing, MBA, FIMechE
Habeeb Abdulla, MS, PMP
Emre Alic, PMP
Abdulrahman Alulaiyan, MBA, PMP
Nabeel Eltyeb Babiker, P3O, PMP
Pablo Balsamo
Haytham Baraka
Athanasios Bikos
Kiron D. Bondale, PMI-ACP, PMP
Naga Pradeep Buddhavarapu
Paulo Guilherme Coda A. Dias
Larry Cebuano, PMP
Panos Chatzipanos, PhD, Dr Eur Ing
Sergio Luis Conte, PhD, PMP
Pamela Crayon, CSM, PMP
William H. Dannenmaier, MBA, PMP

Saju Devassy, SAFe, POPM, PMP
Tasheka Dorsey, MBA, PMP
Phillip Doyle, PMP
Jon Edgar
Christopher Edwards, MBA, PMP
Mohamed MH El-fouly, PMI-SP, PMP
Walla S. Elhadey, PMI-RMP, PMP
Mossab Abbas ElKhidir, CCP, PMP
Wael K. Elmetwaly, PMI-ACP, PMP
Majdi N. Elyyan, PMI-RMP, PMP
Gregory Fabian, MS, PMP
Fereydoun Fardad, PMI-PBA, PMP
A. Fernández Fernández, BSc, CAPM
Bruce Gay, PMP
Ioanna Giampatzidou, MStat, OpRes, PMP
Theofanis Giotis, PhDc, PMP
Akram Hassan, PhD, PMP
Hossam Hassan Anwar, PMI-RMP, PMP

Paul A Ivinson, BSc(Hons), MIET, PMP
Yves Jordan
Rami M. W. Kaibni, BEng, PMP
Dorothy L. Kangas, PMP
Diwakar Killamsetty, PMP
Taeyoung Kim, PMP
Stefanos Kotsonis, PMP
P. Ravikumar, PMP, PgMP
Lydia Gala Liberio, PMI-RMP, PMP
Vladimir Liberzon, GPSF, PMP
Tong Liu
Carlos López Javier, MBA, PMP
Komal Mathur, CSM, PMP
Felipe Fernandes Moreira, PMP
Syed Ahsan Mustaqeem, PE, PMP
Vinay Nagaraj, SSBB (ASQ), MS
Asaya Nakasone, PMP
Aleksei Nikitin, PMI-ACP, PMP
Mohammad Ali Niroomand Rad, MArch, PMP
Habeeb Omar, PgMP, PfMP
Truc Pham, PMI-RMP, PMP

David R. Pratten, MIM, PMP
Claudia Prince, PMP
Carl Pro
Naga Santhi Rayavarapu, ITIL, PMP
Dan S. Roman, PMI-ACP, PMP
Jaime Andres Salazar Cabrera, PMI-RMP, PfMP
G. Lakshmi Sekhar, PMI-PBA, PMI-SP
Olby Shaju, SAFe Agilist, PMP
Artie Shaw, Jr., PMP
Edward Shehab, PMP, PgMP
Abel Sillas, DM, PMP
Mauro Sotille, PMI-RMP, PMP
Frank Spiegel, PMI-ACP, PMP
Mohammed Khedir Sultan, MBA, PMP
Tetsuya Tani, PMP
Laurent Thomas, PMI-ACP, PMP
Gaitan Marius Titi, PMI-PBA, PMP
Kevin Torres Barsallo, PMI-SP, PMP
Eric Uyttewaal, PMP
Dave Violette, MPM, PMP
Hany I. Zahran

B.3 顾问小组（MAG）

以下人员为 PMI 标准项目集顾问小组成员，参与了《进度管理实践标准》（第 3 版）的编纂工作：

Maria Cristina Barbero, CSM, PMI-ACP, PMP
Michael J. Frenette, I.S.P., SMC, MCITP, PMP
Brian Grafsgaard, CSM, PMP, PgMP, PfMP
Dave Gunner, MSc, PMP, PfMP
Hagit Landman, MBA, PMI-SP, PMP
Vanina Mangano, PMP
Yvan Petit, PhD, MBA, MEng, PMP, PfMP
Carolina Gabriela Spindola, MBA, SSBB, PMP
Chris Stevens, PhD
Dave Violette, MPM, PMP
John Zlockie, MBA, PMP, PMI Standards Manager

B.4 协调机构成员

以下人员为 PMI 标准项目集协调机构成员：

Nigel Blampied, PE, PMP
Chris Cartwright, MPM, PMP
John Dettbarn, DSc, PE
Charles Follin, PMP
Michael J. Frenette, I.S.P., SMC, MCITP, PMP
Brian Grafsgaard, CSM, PMP, PgMP, PfMP
Dave Gunner, MSc, PMP, PfMP
Dorothy Kangas, MS, PMP
Thomas Kurihara
Hagit Landman, MBA, PMI-SP, PMP
Tim MacFadyen, MBA, PMP

Vanina Mangano, PMP
Mike Mosley, PE, PMP
Nanette Patton, MSBA, PMP
Crispin ("Kik") Piney, PgMP, PfMP
Mike Reed, PMP, PfMP
David Ross, PMP, PgMP
Paul Shaltry, PMP
Carolina Gabriela Spindola, MBA, SSBB, PMP
Chris Stevens, PhD
Judi Vincent
David J. Violette, MPM, PMP

B.5 工作人员

特别感谢以下 PMI 工作人员的付出：

Donn Greenberg，出版社经理

Kim Shinners，出版协调

Roberta Storer，产品编辑

Barbara Walsh，出版社出版主管

B.6 中文版翻译贡献者

以下人员担任了《进度管理实践标准》（第 3 版）中文版的翻译工作：

薛蓓燕，PMP

骆庆中，MBA，PMP

全书由骆庆中统稿。

附录 C

一致性评估评分表

表 C-1 对四个类型组件进行了进一步说明：核心必要组件（CRC）、条件必要组件（RRC、ERC、KRC）和可选组件。表 C-1 同时提供了每个类型组件数的官方计分方法，如附录 D 所示。

表 C-1 中左边第一列是组件。后六列表示该组件属于哪个类型：核心必要组件（CRC）、条件资源组件（RRC）、条件 EVM 组件（ERC）、条件风险组件（KRC）、可选组件（OPT）和不计分组件（NS）。表的最后一行反映了每个类型组件的总数，即总分。这一行的内容也会在一致性评估表的顶部出现，表明每个类型组件的总分。

表 C-1　一致性评估评分表示例

组件	CRC	RRC	ERC	KRC	OPT	NS
活动实际成本			R			
活动实际持续时间	R					
活动实际完成日期	R					
活动实际开始日期	R					
活动日历					0	
活动编码					0	
活动成本类别					0	
活动成本估算					0	
活动累积风险概率分布				R		
活动最早完成日期	R					
活动最早开始日期	R					
活动投入					0	
活动标识	R					
活动标签	R					
活动最晚完成日期	R					
活动最晚开始日期	R					
活动最可能持续时间				R		
活动注释/说明/日志					0	
活动乐观持续时间				R		
活动初始持续时间	R					
活动悲观持续时间				R		
活动实际完成百分比或活动持续时间完成百分比 [A]	R					
活动剩余持续时间	R					

续表

组件	CRC	RRC	ERC	KRC	OPT	NS
活动资源实际数量		R				
资源平衡的活动完成日期					0	
资源平衡的活动开始日期					0	
活动资源剩余数量		R				
活动资源总数		R				
活动风险关键指数				R		
活动范围定义					0	
活动总持续时间	R					
活动完成百分比					0	
尽可能晚						NS
尽可能早						NS
进度模型基准	R					
完工预算			R			
变更请求标识					0	
控制账户标识			R			
控制账户管理员					0	
成本绩效指数					0	
成本偏差					0	
成本偏差百分比					0	
关键路径	R					
数据日期	R					
驱动型资源					0	

续表

组件	CRC	RRC	ERC	KRC	OPT	NS
挣得进度					O	
挣值			R			
挣值测量类型					O	
挣值权重					O	
完工估算			R			
完工尚需估算			R			
完工尚需时间估算					O	
完工持续时间估算					O	
EVMS 工作包标识			R			
目标完成日期						NS
不早于某日完成						NS
不晚于某日完成						NS
计划完成日期						NS
完成—完成					O	
完成—开始	R					
自由浮动时间	R					
悬空活动					O	
滞后量					O	
提前量						NS
支持型活动					O	
强制完成日期						NS
强制开始日期						NS
里程碑	R					

续表

组件	CRC	RRC	ERC	KRC	OPT	NS
计划价值			R			
可能风险分布				R		
项目实际持续时间	R					
项目实际完成日期	R					
项目实际开始日期	R					
项目日历	R					
项目成本类别					O	
项目描述					O	
项目最早完成日期	R					
项目最早开始日期	R					
项目完成约束条件					O	
项目最晚完成日期	R					
项目最晚开始日期	R					
项目名称	R					
项目实际完成百分比或项目持续时间完成百分比 [B]	R					
项目剩余持续时间	R					
项目资源实际数量		R				
资源平衡的项目完成日期					O	
资源平衡的项目开始日期					O	
项目资源剩余数量		R				
项目资源总数		R				
项目开始约束条件					O	
项目总持续时间	R					

附录 C 一致性评估评分表

续表

组件	CRC	RRC	ERC	KRC	OPT	NS
资源分配		R				
资源可用性		R				
资源日历		R				
资源描述		R				
资源标识		R				
资源滞后量					O	
资源库/字典		R				
资源单价/价格					O	
资源类型		R				
风险标识				R		
进度模型标识	R					
进度模型实例	R					
进度模型级别					O	
进度模型视图	R					
进度绩效指数					O	
基于时间的进度绩效指数					O	
进度偏差					O	
进度偏差百分比					O	
基于时间的进度偏差					O	
不早于某日开始						NS
不晚于某日开始						NS
开始于						NS
开始—结束						NS

续表

组件	CRC	RRC	ERC	KRC	OPT	NS
开始—开始					O	
汇总活动					O	
目标进度模型					O	
完工尚需绩效指数					O	
完工尚需进度绩效指数					O	
总浮动时间	R					
衡量单位	R					
偏差					O	
WBS 标识			R			
本类型组件的数量	36	13	9	7	46	13
总组件数量：111						

A：活动完成百分比要么是实际完成百分比，要么是持续时间百分比，二者选其一。

B：项目完成百分比要么是实际完成百分比，要么是持续时间百分比，二者选其一。

附录 D

一致性评估工作表

附录 D 提供了一系列评估工作表。每种类型的组件总数直接取自附录 C。每个工作表的详细解释如下：

- **图 D-1 是基本评估工作表示例。** 图 D-1 将每种类型的组件可以达到的分数都列了出来。请注意，条件组件在上下两部分中都出现了，因为这时还没有确定给定的项目需要的条件组件。基本评估工作表还列出了核心必要组件的及格分、可用的可选分，并且在页面的底部显示了总参考分。可以复制这张工作表，进行进度评估时手动打分。

- **图 D-2 是有资源需求的评估工作表示例。** 图 D-2 是一个已完成项目评估的工作表，该工作表在核心必要组件之外需要增加资源需求；本项目中有一些可选组件。这个例子最终得到 53 分的评估分数。

- **图 D-3 是有资源、EVM 和风险管理需求的评估工作表示例。** 图 D-3 是一个已完成项目评估的工作表，除了基本的核心必要组件，还需要资源加载、EVM 和风险管理；本项目中有一些可选组件。这个例子最终得到 67 分的评估分数。

- **图 D-4 是有资源和风险管理需求的评估工作表示例。** 图 D-4 是一个已完成项目评估的工作表，除了基本的核心必要组件，还需要资源加载和风险管理；本项目中有一些可选组件。这个例子最终得到 86 分的评估分数。请注意，一些得分的可选组件是 EVM 组件，但由于它们在这个项目中不是必需的，所以它们属于可选组件。

- **图 D-5 是没有得分的评估工作表示例。** 图 D-5 是一个已完成项目评估的工作表，除了基本的核心必要组件，还需要资源加载和风险管理；它还反映了一些可选组件的存在，包括所有 EVM 组件。然而，请注意，这个评估最终没有得到分数，因为缺少核心必要组件。核心必要组件及资源相关组件、风险相关组件存在缺失。规则规定，如果核心必要组件有缺失，那么将得不到分数。注意，仍然可以在必要组件和可选组件部分看到满足条件后获得的分数，但是不会得到整体一致性指数得分。

编制附录 D 是为了向读者提供评估工作表的示例，以便更好地理解评估过程是如何工作的。

进度评估工作表

必要组件	条件组件			可选组件	总分
CRC	RRC	ERC	KRC	可选	
36	13	9	7	46	**111**

	评估问题：	是	否
1	有资源负荷的需求吗？		
2	有使用 EVM 的需求吗？		
3	有使用以进度为基础的风险管理的需求吗？		

　　上述问题的回答决定了将在下表中填入的必要组件和可选组件的可获得分。由于 CRC 在任何项目中都是必需的，因此必要组件的总分应该是 CRC 加上额外需要的条件组件的总分。剩余的其他部分的分数相加，就是可选组件的总分。两部分的分数相加，应该始终等于 111 分。

必要组件得分

	潜在可得分	必得分	实得分		
核心必要组件（CRC）	36	36		必得总分	
资源相关组件（RRC）	13				
EVM 相关组件（ERC）	9			实得总分	
风险相关组件（KRC）	7				
必要组件总分					

可选组件得分

	潜在可得分	适用分	实得分		
可选组件	46	46		可得总分	
资源相关组件	13				
EVM 相关组件	9			实得总分	
风险相关组件	7				
可选组件总分					

总分
以下部分只在获得了所有必要分数后才能使用

必要组件得分			满分	111
可选组件得分				
	总分			

总得分	
满分	111

初始一致性指数	
乘以 100	100
一致性指数得分	

图 D-1　基本评估工作表示例

附录 D　一致性评估工作表

进度评估工作表

必要组件	条件组件			可选组件	总分
CRC	RRC	ERC	KRC	可选	
36	13	9	7	46	**111**

	评估问题:	是	否
1	有资源负荷的需求吗?	X	
2	有使用 EVM 的需求吗?		X
3	有使用以进度为基础的风险管理的需求吗?		X

上述问题的回答决定了将在下表中填入的必要组件和可选组件的可获得分。由于 CRC 在任何项目中都是必需的,因此必要组件的总分应该是 CRC 加上额外需要的条件组件的总分。剩余的其他部分的分数相加,就是可选组件的总分。两部分的分数相加,应该始终等于 111 分。

必要组件得分

	潜在可得分	必得分	实得分		
核心必要组件(CRC)	36	36	36	必得总分	49
资源相关组件(RRC)	13	13	13		
EVM 相关组件(ERC)	9	0		实得总分	49
风险相关组件(KRC)	7	0			
必要组件总分		**49**	**49**		

可选组件得分

	潜在可得分	适用分	实得分		
可选组件	46	46	5	可得总分	62
资源相关组件	13	0			
EVM 相关组件	9	9	5	实得总分	10
风险相关组件	7	7			
可选组件总分		**62**	**10**		

总分
以下部分只在获得了所有必要分数后才能使用

必要组件得分		49		满分	111
可选组件得分		10			
	总分	**59**			

总得分	59
满分	111

初始一致性指数	0.53
乘以 100	100
一致性指数得分	53

图 D-2　有资源需求的评估工作表示例

进度评估工作表

必要组件	条件组件			可选组件	总分
CRC	RRC	ERC	KRC	可选	
36	13	9	7	46	**111**

评估问题:

		是	否
1	有资源负荷的需求吗？	X	
2	有使用 EVM 的需求吗？	X	
3	有使用以进度为基础的风险管理的需求吗？	X	

上述问题的回答决定了将在下表中填入的必要组件和可选组件的可获得分。由于 CRC 在任何项目中都是必需的，因此必要组件的总分应该是 CRC 加上额外需要的条件组件的总分。剩余的其他部分的分数相加，就是可选组件的总分。两部分的分数相加，应该始终等于 111 分。

必要组件得分

	潜在可得分	必得分	实得分		
核心必要组件（CRC）	36	36	36	必得总分	65
资源相关组件（RRC）	13	13	13		
EVM 相关组件（ERC）	9	9	9	实得总分	65
风险相关组件（KRC）	7	7	7		
必要组件总分		**65**	**65**		

可选组件得分

	潜在可得分	适用分	实得分		
可选组件	46	46	9	可得总分	46
资源相关组件	11	0			
EVM 相关组件	9	0		实得总分	9
风险相关组件	7	0			
可选组件总分		**46**	**9**		

总分
以下部分只在获得了所有必要分数后才能使用

必要组件得分	65		满分	111
可选组件得分	9			
	总分	**74**		

总得分	74
满分	111

初始一致性指数	0.66
乘以 100	100
一致性指数得分	**66**

图 D-3 有资源、EVM 和风险管理需求的评估工作表示例

附录 D 一致性评估工作表

进度评估工作表

必要组件	条件组件			可选组件	总分
CRC	RRC	ERC	KRC	可选	
36	13	9	7	46	**111**

	评估问题：	是	否
1	有资源负荷的需求吗？	X	
2	有使用 EVM 的需求吗？		X
3	有使用以进度为基础的风险管理的需求吗？	X	

上述问题的回答决定了将在下表中填入的必要组件和可选组件的可获得分。由于 CRC 在任何项目中都是必需的，因此必要组件的总分应该是 CRC 加上额外需要的条件组件的总分。剩余的其他部分的分数相加，就是可选组件的总分。两部分的分数相加，应该始终等于 111 分。

必要组件得分

	潜在可得分	必得分	实得分		
核心必要组件（CRC）	36	36	36	必得总分	56
资源相关组件（RRC）	13	13	13		
EVM 相关组件（ERC）	9	0		实得总分	56
风险相关组件（KRC）	7	7	7		
必要组件总分		**56**	**56**		

可选组件得分

	潜在可得分	适用分	实得分		
可选组件	46	46	30	可得总分	55
资源相关组件	11	0			
EVM 相关组件	9	9	9	实得总分	39
风险相关组件	7	0			
可选组件总分		**55**	**39**		

总分

以下部分只在获得了所有必要分数后才能使用

必要组件得分	56		满分	111
可选组件得分	39			
	总分	**95**		

总得分	95
满分	111

初始一致性指数	0.85
乘以 100	100
一致性指数得分	85

图 D-4　有资源和风险管理需求的评估工作表示例

进度评估工作表

必要组件	条件组件			可选组件	总分
CRC	RRC	ERC	KRC	可选	
36	13	9	7	46	**111**

	评估问题:	是	否
1	有资源负荷的需求吗?	X	
2	有使用 EVM 的需求吗?		X
3	有使用以进度为基础的风险管理的需求吗?	X	

上述问题的回答决定了将在下表中填入的必要组件和可选组件的可获得分。由于 CRC 在任何项目中都是必需的,因此必要组件的总分应该是 CRC 加上额外需要的条件组件的总分。剩余的其他部分的分数相加,就是可选组件的总分。两部分的分数相加,应该始终等于 111 分。

必要组件得分

	潜在可得分	必得分	实得分		
核心必要组件 (CRC)	36	36	33	必得总分	56
资源相关组件 (RRC)	13	13	7		
EVM 相关组件 (ERC)	9	0		实得总分	47
风险相关组件 (KRC)	7	7	7		
必要组件总分		**56**	**47**		

可选组件得分

	潜在可得分	适用分	实得分		
可选组件	46	46	25	可得总分	55
资源相关组件	11	0			
EVM 相关组件	9	9	9	实得总分	34
风险相关组件	7	0			
可选组件总分		**55**	**34**		

总分

以下部分只在获得了所有必要分数后才能使用

必要组件得分	
可选组件得分	
总分	

满分	111

总得分	
满分	111

初始一致性指数	
乘以 100	100
一致性指数得分	

图 D-5 没有得分的评估工作表示例

附录 E

论证性进度分析

为了帮助理解和分析项目生命周期中出现的重大偏差，出于对分析工具和方法的需要，论证性进度分析应运而生。论证性进度分析的关键组成部分总是相同的。这种分析是基于将计划发生的事情与实际发生的事情进行比较的能力。虽然概念很简单，但通常很难解释与计划相比发生了什么不同，也很难确定是什么导致了偏差。进度实践标准及其强调的良好实践允许用户生成更有效的进度计划编制工具，并在必要时进行论证性进度分析。业界已经使用过很多方法和过程来进行论证性进度分析，并取得了一定成果。以下是一些比较知名的方法或过程：

◆ 实际与计划对比法。实际与计划对比法把实际完成的与最初计划的进行比较。它可以在汇总级或更详细的级别进行比较。它聚焦于特定的延迟区域，并试图展示延迟发生的原因。

◆ 周期分析法。周期分析法（窗口）基于比较不同时间的进度版本的能力。它着重于比较特定时间间隔内的各种进度版本的不同，并试图解释该时间框架内的进度移动（延迟），从一个更新版本到另一个更新版本分析进度。

◆ 时间–影响分析法。时间–影响分析法采用合并逻辑片段或部分的方式，这些片段或部分表示由于变更而要执行的新工作。它也可以反映移除不再需要的工作后的情况。在任何情况下，将时间–影响分析之前和之后的进度与初始文档进行比较，都可以量化进度时间上的滞后量或提前量。

- 影响事件剔除法。影响事件剔除法从实际建造进度计划开始，剔除对项目完成日期有延迟或更改影响的活动，从而展示出这些活动对项目完成日期的影响（负面影响）。通常，这种方法适用于已制订可靠的进度计划的情况。

- 计划影响法。计划影响法在进度基准中插入或增加代表延迟或更改的活动，以确定这些延迟活动对项目完成日期的影响。

应该注意的是，这些方法和过程通常具有共同的特征，并需要主动的、一致的、准确的进度更新和维护。但是，可以确定项目进度计划的一些关键因素，有助于论证性分析专家完成分析工作。

如前所述，首要任务是将计划发生的事情与实际发生的事情进行比较。每个项目都应该包含允许分析人员确定计划内容的文档。

首先，审查项目合同和/或项目章程，并确定它们对进度文档和工具的要求。各式各样的文档可以作为所完成工作的证明。通常，包括但不限于：

- 要求将进度模型创建到特定的详细程度，还可以指定创建进度模型所需的时间。
- 要求创建和捕获用于比较的进度基准，包括进度基准批准过程。
- 要求定期更新进度模型，包括定义更新周期。
- 要求定义进度模型的内容明细（如活动代码结构、活动标识、活动命名机制等）。
- 要求识别、跟踪和批准项目进度模型变更。
- 要求必要时重新制定进度基准，并获得所需的批准。
- 要求定义谁控制和拥有项目浮动时间或如何使用浮动时间。

其次，检查组织自身的程序和流程。即使合同不包含其中的某些数据，组织的内部文档也可能提供本应落实的要求。

从上述的这两个来源，分析人员应该能够确定编制初始进度计划和批准进度基准所需的文档。

在检查初始进度基准时，另一个需要考虑的点是确保进度基准是现实可行的。需要考虑和回答的问题包括：

- 进度计划是作为一个真实的计划使用，还是为了履行合同的要求而编制的？如果关键参与者和干系人没有真正致力于编制和执行该进度计划，那么项目从一开始就注定要失败。
- 活动持续时间是否现实合理？
- 活动逻辑关系是否完整且经过深思熟虑？进度逻辑有意义吗？能像所展示的那样完成吗？
- 进度计划是否包含可能影响顺推和逆推的约束？
- 关键路径和次关键路径有意义吗？
- 进度计划更新后，关键路径是否发生变化？
- 是否执行了进度计划一致性评估？如果执行了，结果是什么？

此时，应该了解初始进度模型的创建工作，并且知道最初计划的内容及其编制方式。

最后，论证性进度分析员专注于确定发生了什么及原本是如何计划的。进度模型更新版本可以显示从一个更新周期到另一个更新周期内发生了什么，但它们很少解释原因。分析人员需要使用各种方法来识别或鉴定原因。以下是论证性进度分析员可能需要查阅的文件：

- 每个进度模型更新的副本，以反映随着时间的推移，初始计划发生了什么改变。
- 任何与计划活动相关的日志或笔记记录。
- 项目的任何正式变更通知的副本，以及该变更如何影响项目工作的记录。
- 项目团队成员、工作日记、日志、笔记或日志的副本。
- 月、周、日进度报告的副本。
- 进度会议的会议纪要副本。
- 任何变更请求和/或信息请求的副本，以及如何处理这些请求的记录。
- 任何进度基准修订的副本，以及对修订的内容和原因的说明。
- 任何时间–影响分析工作内容和分析结果的副本。

◆ 其他文件或笔记，可以让分析人员回顾项目绩效，并确定为什么发生了某些事情。

◆ 与参与活动执行的各方的访谈，以确定发生了什么。

一旦收集了所有这些记录、文档和进度模型版本，论证性进度分析就可以开始了。通常分析在初始阶段会对特定领域进行更深入的研究，目标是确定发生了什么和为什么发生。

随着项目变得越来越复杂，因项目延迟导致索赔的概率就会增加。然而，本实践标准中描述的许多良好实践都是经过多年实践确定的，可以帮助减少可能的索赔，尤其是考虑到编制、维护和更新项目进度计划的每个方面的重要性时。在进行论证性进度分析时，这些实践的适当、一致的应用有助于论证性进度分析员以有效、高效的方式完成分析工作。

参考书目

[1] Project Management Institute. 2017. *Agile Practice Guide*. Newtown Square, PA: Author.

[2] Project Management Institute. 2017. *PMI Lexicon of Project Management Terms*. Newtown Square, PA: Author.

[3] Project Management Institute. 2017. *A Guide to the Project Management Body of Knowledge (PMBOK® Guide) – Sixth Edition*. Newtown Square, PA: Author.

[4] Project Management Institute. 2019. *Practice Standard for Work Breakdown Structures (WBS)* – Third Edition. Newtown Square, PA: Author.

[5] Project Management Institute. 2019. *The Standard for Earned Value Management* – Second Edition. Newtown Square, PA: Author.

[6] Project Management Institute. 2019. *The Standard for Risk Management in Portfolios, Programs, and Projects*. Newtown Square, PA: Author.

[7] Project Management Institute. 2019. *Practice Standard for Project Estimating* – Second Edition. Newtown Square, PA: Author.

[8] Project Management Institute. 2007. *Practice Standard for Project Configuration Management*. Newtown Square, PA: Author.

术语表

1. 首字母缩略词

AC	活动实际成本或实际成本
ACWP	已完成工作的实际成本
AD	活动描述
AF	实际完成日期
AS	实际开始日期
BAC	完工预算
CAM	控制账户管理员
CPI	成本绩效指数
CPM	关键路径法
CV	成本偏差
DD	数据日期
DoD	完成的定义
DU	持续时间
DUR	持续时间

EAC	完工估算
ETC	完工尚需估算
EV	挣值
EVT	挣值技术
FF	自由浮动时间
PC	完成百分比
PCT	完成百分比
PDM	紧前关系绘图法
PV	计划价值
RD	剩余持续时间
SPI	进度绩效指数
SV	进度偏差
TF	总浮动时间
WBS	工作分解结构

2. 术语和定义

Activity 活动：在项目过程中执行的独特的、计划的工作部分。另见"进度活动"。

Activity Actual Cost 活动实际成本：在特定时期内为执行某项活动的工作所产生的已实现成本。另见"完工预算""挣值""完工估算""完工尚需估算""计划价值"。

Activity Actual Duration 活动实际持续时间：对进行中的进度活动，使用进度活动的实际开始日期和进度模型的数据日期，来计算完成该进度活动所需工作的日历单位数；对已完成的进度活动，则使用进度活动的实际开始日期和活动实际完成日期来计算。另见"实际持续时间"。

Activity Actual Finish Date 活动实际完成日期：进度活动完成的时间点。

Activity Actual Start Date 活动实际开始日期：进度活动开始的时间点。

Activity Calendar 活动日历：通常是项目日历，或者是在日历库的基础上特别定义的另一个日历，用于进度活动的分配，它用日历格式定义了工作时间和非工作时间。在进度网络分析中，分配进度活动的工作用活动日历来替代项目日历。另见"日历库"。

Activity Code 活动编码：分配给每个活动的字母数字值，用于对活动进行分类、排序和筛选。

Activity Cost Category 活动成本类别：成本科目明细，如人力成本、设备成本和实际成本等。

Activity Cost Estimate 活动成本估算：进度活动的预期成本，包括执行和完成活动需要的所有资源成本，涵盖所有成本类型和成本组成部分。

Activity Cumulative Probability Risk Distribution 活动累积风险概率分布：完成进度活动需要的时间及其相应累积发生概率对应表。

Activity Current Finish Date 活动当前完成日期：见"活动计划完成日期"。

Activity Current Start Date 活动当前开始日期：见"活动计划开始日期"。

Activity Description（AD）活动描述：进度活动的简短描述或标签，和进度编码一起使用，将一个进度活动与另一些进度活动区分开来，也称"活动名"或"活动标题"。

Activity Duration 活动持续时间：进度活动最早开始日期和最早完成日期在日历上体现的工作时段。

Activity Duration Percent Complete 活动持续时间完成百分比：进度活动的实际持续时间占该进度活动总持续时间的比例。

Activity Early Finish Date 活动最早完成日期：在给定资源的情况下进度活动的未完成部分能够完成的最早时间点。另见"最早完成日期"。

Activity Early Start Date 活动最早开始日期：根据进度模型逻辑的 CPM 顺推法得到进度活动可以开始的最早时间点。另见"最早开始日期"。

Activity Effort 活动投入：完成进度活动或工作分解结构组件所需的单位工作数量。

Activity Identifier 活动标识：分配给活动的字母数字值，用于将活动与其他活动进行区分。另见"活动编码"和"活动标签"。

Activity Label 活动标签：命名和描述一项活动的短语。另见"活动编码"和"活动标识"。

Activity Late Finish Date 活动最晚完成日期：为了不延误项目完成日期或不打破进度约束条件，进度活动可以最晚完成的时间点。另见"最晚完成日期"。

Activity Late Start Date 活动最晚开始日期：为了不延误项目完成日期或不打破进度的约束条件，进度活动可以最晚开始的时间点。另见"最晚开始日期"。

Activity List 活动清单：一个书面的进度活动清单，包含了活动描述、活动标识和足够详细的活动工作范围定义，以至于项目团队成员可以根据清单了解需要执行的是什么工作。这份清单还可以展示其他活动属性。

Activity Most Likely Duration 活动最可能持续时间：考虑到所有可能影响绩效的不确定因素后，估计的用于执行进度活动的日历单位数量，是最可能的活动持续时间。

Activity Name 活动名称：另见"活动描述"。

Activity Note 活动注释：活动支持信息的文档化记录。

Activity Optimistic Duration 活动乐观持续时间：考虑到所有可能影响绩效的不确定因素后，估计的用于执行进度活动的日历单位数量，是最短的活动持续时间。

Activity Original Duration 活动初始持续时间：初始状态下分配到进度活动的持续时间。这个持续时间通常不会随着活动进展的汇报更新而改变。当汇报进度计划进展时，与活动实际持续时间和活动剩余持续时间相比较。活动初始持续时间一般根据历史数据、专家意见、资源可用性、财务考量，以及需要进行的工作数量等进行估算，也称"计划持续时间"。

Activity Pessimistic Duration 活动悲观持续时间：考虑到所有可能影响绩效的不确定因素后，估计的用于执行进度活动的日历单位数量，是最长的活动持续时间。

Activity Physical Percent Complete 活动实际完成百分比：以百分比形式表示的、对进度活动已经完成的工作量的估计。可能用实际工作进度来衡量，也可能用挣值管理中的规则来衡量。

Activity Planned Finish Date 活动计划完成日期：另见"活动进度完成日期"。

Activity Planned Start Date 活动计划开始日期：另见"活动进度开始日期"。

Activity Remaining Duration 活动剩余持续时间：以日历单位表示的活动相关工作需要的时间。如果是一个尚未开始的活动，那么活动剩余时间等于活动的初始持续时间；如果是一个已经实际开始的活动，那么活动剩余持续时间就等于项目进度计划运行的数据日期和根据 CPM 计算得到的最早完成日期之间的差值。这个数字表示了正在进行中的项目活动还需要多少时间完成。另见"剩余时间"。

Activity Resource-Leveled Finish Date 资源平衡的活动完成日期：在资源受限的进度计划中，资源受限的进度活动的计划完成日期。

Activity Resource-Leveled Start Date 资源平衡的活动开始日期：在资源受限的进度计划中，资源受限的进度活动的计划开始日期。

Activity Risk Criticality Index 活动风险关键指数：进度活动在关键路径上的概率。

Activity Scheduled Finished Date 活动进度完成日期：在进度计划中完成进度活动的时间点。活动进度完成日期一般在活动最早完成日期和活动最晚完成日期之间的时间段内。它考虑了紧缺资源的资源平衡，也称"活动计划完成日期"。另见"进度完成日期"。

Activity Scheduled Start Date 活动进度开始日期：在进度计划中开始进度活动的时间点。活动进度开始日期一般在活动最早开始日期和活动最晚开始日期之间的时间段内。它考虑了紧缺资源的资源平衡，也称"活动计划开始日期"。另见"进度开始日期"。

Activity Scope Definition 活动范围定义：用描述性语言记录活动代表的工作。

Activity Start Date 活动开始日期：项目中进度活动开始的时间点。一般有以下任意限定词：实际、基准、当前、最早、最晚、进度或目标。另见"开始日期"。

Activity Title 活动标题：另见"活动描述"。

Activity Total Duration 活动总持续时间：用日历单位表示的、完成进度活动需要的总时间数。对于正在进行中的进度活动，活动总持续时间是活动实际持续时间和活动剩余持续时间之和。

Activity Type 活动类型：专门用来区分进度模型中有着不同功能的进度活动，如里程碑、任务、汇总活动、投入水平和虚拟活动等。

Actual Cost（AC）实际成本：特定时间内为执行某项活动的工作所产生的已实现成本。另见"完工预算""挣值""完工估算""完工尚需估算""计划价值"。

Actual Cost of Work Performed（ACWP）已完成工作实际成本：另见"实际成本"。

Actual Duration 实际持续时间：如果进度活动在进行中，那么实际持续时间等于进度活动的实际开始日期和项目进度汇报的日期之间的日历单位差值；如果进度活动已经结束，那么实际持续时间则等于进度活动的实际开始日期和实际完成日期之间的日历单位差值。另见"活动实际持续时间"和"项目实际持续时间"。

Activity Duration Percent Complete 活动持续时间完成百分比：对于进行中的活动，将活动的实际持续时间与计划的活动持续时间相比，得到的百分比数值。

Actual Finish Date（AF）实际完成日期：进度活动中的工作实际完成的时间点。（注意：在一些应用领域，进度活动"大体完成"就可以被认为是"完成"。）另见"项目实际完成日期"。

Actual Start Date（AS）实际开始日期：另见"活动实际开始日期"和"项目实际开始日期"。

Agile 敏捷：用来描述《敏捷宣言》中提出的价值观和原则的术语。

Approve 批准：正式认同、批准、认可或同意的行为。

Arrow 箭线：箭线图法中进度活动或紧前关系绘图法中进度活动间逻辑关系的图形化表示。

As-of Date 截止日期：另见"数据日期"（DD）。

Assumptions 假设：在计划过程中被认为是真实的、客观存在的、确定的，但没有证据或无法证明的因素。

Backlog 待办事项列表：另见"迭代待办事项列表"和"产品待办事项列表"。

Backward Pass 逆推：从项目完成日期开始，使用 CPM 向前逆推活动最晚开始和最晚完成日期的方法。另见"顺推"。

Bar 横道：一种矩形图形显示对象，用来表示文档中数据组件的出现，例如，进度活动的长度是由活动的开始和完成日期对应到横道图上的时间单位决定的。横道可以重叠或并排展示，表示进展或基准。

Bar Chart 横道图：进度相关信息的可视化展示。在典型的横道图中，进度活动或 WBS 元素在图形的左下方显示，顶部列出日期，活动持续时间通过和日期对应的水平横道来表示。横道图也称"甘特图"。

Baseline 基准：经批准的版本，作为和实际结果比较的基础，可以通过正式的变更控制程序进行变更，也称绩效衡量基准。另见"成本基准"和"进度基准"。

Baseline Date 基准日期：确定当前基准的日期。有时与一个修饰词连用，如项目进度、项目范围或项目成本。

Budget 预算：经过审批的项目或 WBS 组件或进度活动的估算。另见"估算"。

Budget at Completion 完工预算：为将要执行的工作所确定的所有预算的总和。另见"实际成本""挣值""完工估算""完工尚需估算""计划价值"。

Budgeted Cost of Work Performed（BCWP）已完成工作的预算成本：另见"挣值（EV）"。

Burndown Chart 燃尽图：剩余工作与时间盒内剩余时间的一种图形化表示形式。

Calendar 日历：定义在项目期间可以或不可以进行工作的时间段，以及工作时间的长度、节假日和例外情况等。

Calendar Library 日历库：另见"活动日历"和"资源日历"。

Calendar Unit 日历单位：在项目进度编制中使用的最小时间单位。日历单位一般以小时、天或周为单位，也可以以季度、月、班次或分钟为单位。

Change Control 变更控制：对与项目有关的文档、可交付成果或基准的修改进行识别、记录、批准或拒绝的过程。

Change Request Identifier 变更请求标识：在变更日志中与项目进度模型相关的主键值。

Component 组件：可以组成一个复杂整体的构造元素、部分。

Constraint 约束条件：对项目管理、项目集管理、项目组合管理或过程管理中的可选部分的选择起到限制作用的因素。

Control 控制：比较实际绩效和计划绩效，分析偏差，评估影响过程改进的趋势，衡量可能的替代方法，并在需要的时候推荐合适的纠正措施。

Control Account 控制账户：一个管理控制点，在这个点上，将范围、预算、实际成本和进度集合在一起，并与绩效管理的挣值进行比较。

Control Account ID 控制账户标识：一种由字母数字组成的成本会计标识，通常分配在收集成本的工作分解结构和组织分解结构的重合点。控制账户包含工作包。

Control Account Manager（CAM）控制账户管理员：以字母数字方式指定一个人，由他负责控制账户所确定工作的成本和完成情况；可能是一个人的名字，也可能是识别一个人的唯一参考。

Corrective Action 纠正措施：一种有目的的、根据项目管理计划重新调整项目工作绩效的活动。

Cost 成本：项目活动或组件的货币价值或价格，包括为执行和完成活动或组件或生产组件所需要的人力的货币价值。具体的成本可以由包括直接人力时数、其他直接成本、间接人力时数、其他间接成本和采购价格的成本组件组合而成。（然而，在挣值管理方法中，在一些情况下，术语"成本"

可能仅指人力时数，而不转换成货币价值。）另见"实际成本"和"估算"。

Cost Baseline 成本基准：工作包成本估算和应急储备的批准版本，可以通过正式的变更控制程序进行更改，并作为基准与实际成本相比较。另见"基准"和"进度基准"。

Cost Performance Index（CPI）成本绩效指数：预算资源成本效率的一种度量，体现在挣值与实际成本的比值上。另见"进度绩效指数"。

Cost Type 成本类别：成本的细分，如直接成本、间接成本、费用等。

Cost Variance 成本偏差：在某个时间点预算亏损或盈余的数值，体现在挣值与实际成本之间的差额上。另见"进度偏差"。

Crashing 赶工：一种进度压缩技术，用于通过增加资源以最小的增量成本缩短进度持续时间。另见"快速跟进"和"进度压缩"。

Criteria 标准：判断或决定可以依据的准则、规则或测试，或者可以对产品、服务、成果或过程进行衡量的准则、规则或测试。

Critical Activity 关键活动：项目进度计划中位于关键路径上的进度活动。或者虽然不在关键路径上，但由于使用了日历、分配了资源或加诸了约束条件等对某些工件特别重要的活动。

Critical Chain Approach 关键链法：一种进度管理方法，在考虑资源有限和项目的不确定性的前提下，允许项目团队在项目进度路径上设置缓冲。

Critical Path 关键路径：项目进度网络中代表项目最长路径的活动序列，决定了项目可能的最短持续时间。另见"关键路径活动"和"关键路径法"。

Critical Path Activity 关键路径活动：项目进度网络中处于关键路径上的活动。另见"关键路径"和"关键路径法"。

Critical Path Method（CPM）关键路径法：项目进度模型中用于估算项目最短持续时间并确定进度网络路径灵活度的方法。另见"关键路径"。

Current Finish Date 当前完成日期：根据已经汇报的工作进度，当前对进度活动何时可以完成的时间点的估计。另见"进度完成日期"。

Current Start Date 当前开始日期：根据已经汇报的工作进度，当前对进度活动何时可以开始的时间点的估计。另见"进度开始日期"。

Customer 客户：将要使用作为项目成果的产品或服务的组织或个人。

Data Date（DD）数据日期：记录项目状态的时间点。

Date 日期：表示日历上日、月、年的术语，在某些情况下，还表示一天中的某个时间点。

Decompose 分解：另见"分解"（Decomposition）。

Decomposition 分解：将项目范围和项目可交付成果分解为更小的、更容易管理的、详细到足以对工作进行执行、监控的部分的技术。

Define Activities 定义活动：识别为了生产可交付成果而需要进行的进度活动的过程。

Definition of Done（DoD）完成的定义：团队需要满足的所有标准的核对清单，只有可交付成果满足该核对清单才能被视为准备就绪，可供客户使用。

Deliverable 可交付成果：为完成一个过程、阶段或项目而产生的任何独特的且可验证的产品、成果或服务的能力。

Dependency 依赖：另见"逻辑关系"。

Develop Schedule 制订进度计划 [过程]：分析进度活动顺序、进度活动持续时间、资源需求和进度约束条件，并编制进度计划的过程。

Discipline 学科：需要特定知识的工作领域，该领域有一套管理工作行为的规则（如机械工程、计算机编程、成本估算等）。

Document 文档：记录信息的介质，通常可以长久保存，还可以被人或机器阅读，如项目管理计划、规格说明书、过程、学习报告和手册。

Driving Resources 驱动型资源：在资源平衡中直接影响活动持续时间的资源。

Duration 持续时间：完成一个进度活动需要的时间总数，用工作小时数、工作天数或工作周数表示。通常由以下任意一项来进行限定：实际的、基准的、当前的、初始的、剩余的、计划的或目标的。另见"投入量"。

Duration Percent Complete 持续时间完成百分比：另见"活动持续时间完成百分比"和"项目持续

时间完成百分比"。

Early Finish Date 最早完成日期：在 CPM 中，基于进度网络逻辑、数据日期，以及其他进度约束条件，得到的进度活动（或项目）的未完成部分的最早可能完成日期。另见"最早开始日期""最晚完成日期""最晚开始日期""进度网络分析"。

Early Start Date 最早开始日期：在 CPM 中，基于进度网络逻辑、数据日期，以及其他进度约束条件，得到的进度活动（或项目）的未完成部分的最早可能开始日期。另见"最早完成日期""最晚完成日期""最晚开始日期""进度网络分析"。

Earned Schedule 挣得进度：挣值技术的一种，衡量挣得价值和计划价值相等的时间点。

Earned Value（EV）挣值：用进度活动已批准的预算来表示已完成工作的价值。另见"实际成本""完工预算""完工估算""完工尚需估算""计划价值"。

Earned Value Technique（EVT）挣值技术：衡量工作分解结构组件、控制账户或项目绩效的一种专门技术，也指挣得规则和信用的方法。另见"实际成本""完工估算""完工尚需估算"。

Effort 投入量：需要完成进度活动或工作分解结构的劳动力数量，通常用小时、天或周表示。另见"持续时间"。

Estimate 估算：对可能的数量或产出的量化评估。一般应用于项目成本、资源、投入和持续时间，通常还会有一个修饰词作为前缀（如初始的、概念上的、可能的、量级的、限定的），并且应该包括一些准确性提示（如±x%）。

Estimate Activity Duration 估算活动持续时间：估计完成单个进度活动所需的工作周期数的过程。

Estimate Activity Resources 估算活动资源：估算执行每个进度活动所需资源的类型和数量的过程。

Estimate at Completion（EAC）完工估算：对所有工作完成时的总成本进行估计。另见"实际成本""完工预算""完工估算""完工尚需估算""计划价值"。

Estimate to Complete（ETC）完工尚需估算：对完成所有剩余项目工作还需要多少成本进行估计。另见"实际成本""完工预算""完工估算""完工尚需估算""计划价值"。

Expected Finish Date 目标完成日期：对正在进行的进度活动的最早和最晚完成日期施加的日期约束，通常采用固定强制日期的形式对进度活动何时完成施加影响。另见"完成日期"和"项目完成日期"。

Fast Tracking 快速跟进：一种项目进度压缩技术，通常将前后按顺序进行的活动改为至少在活动持续时间内部分并行进行。另见"赶工"和"进度压缩"。

Finish Date 完成日期：与进度活动完成相关的时间点。通常与下列修饰词之一相连：实际、基准、当前、最早、预计、最晚、强制、初始、进度或目标。另见"项目完成日期"。

Finish Not Earlier Than 不早于某日完成：一个加在进度活动上的日期约束条件，通常以一个固定强制日期的形式出现，对进度活动的进度安排产生影响。

Finish Not Later Than 不晚于某日完成：一个加在进度活动上的日期约束条件，通常以一个固定强制日期的形式出现，对进度活动的进度安排产生影响。

Finish On 完成于：一个加在进度活动上的日期约束条件，要求进度活动在一个特定日期完成。

Finish-to-Finish 完成—完成：一种逻辑关系，表示紧后活动必须在紧前活动完成之后才可以完成。另见"完成—开始""开始—完成""开始—开始""逻辑关系"。

Finish-to-Start 完成—开始：一种逻辑关系，表示紧后活动的开始依赖于紧前活动的完成。另见"完成—开始""开始—完成""开始—开始""逻辑关系"。

Float 浮动时间：也称"宽松时间"。另见"自由浮动时间"和"总浮动时间"。

Forecasts 预测：根据预测时可用的信息和知识，对项目将来的情况进行估计或预测。预测会根据项目执行时提供的工作绩效信息进行更新或重新发布。

Forward Pass 顺推：从项目开始日期开始，使用关键路径法向后顺推活动最早开始和最早完成日期的方法。另见"逆推"。

Free Float 自由浮动时间：在不影响紧后活动的最早开始日期或不违反进度约束的情况下，进度活动可以延迟的时间量。另见"总浮动时间""关键路径""次关键路径"。

Graph 图形：用线条和形状表示数据的可视化展现，如项目状态或预测信息。

Hammock Activity 悬空活动：一种活动，其持续时间由进度模型中一组逻辑关系相连的活动的持续时间汇总而成。另见"汇总活动"。

Imposed Date 强制日期：在进度里程碑或进度活动上加诸的一个强制日期，通常以"不早于某日开始"和"不晚于某日完成"的形式出现。

Input 输入：一个过程开始执行前需要的任何无论是项目内部还是项目外部的事物。

Integrated 整合：相互关联、相互连接、环环相扣或网状的组件交织在一起，成为一个功能或一个统一的整体。

Iteration 迭代：产品或可交付成果有时间限制的开发周期，在这段时间内需要执行交付价值所需的所有工作。

Iteration Backlog 迭代待办事项列表：团队为迭代维护的以用户为中心的需求的有序列表。

Kanban Board 看板面板：一种可视化工具，能够通过瓶颈和工作量的有形呈现改善工作流。

Kanban Method 看板方法：一种受到看板库存控制系统启发的敏捷方法，专门用于知识工作。

Lag 滞后量：紧后活动相对于紧前活动的延迟时间量。另见"提前量"。

Late Finish Date 最晚完成日期：在关键路径法中，根据进度网络逻辑、项目完成时间和其他进度约束条件，得到的未完成的进度活动可能完成的最晚时间点。另见"最早完成日期""最早开始日期""最晚开始日期""进度网络分析"。

Late Start Date 最晚开始日期：关键路径法中，根据进度网络逻辑、项目完成时间和其他进度约束条件，得到的未完成的进度活动可能开始的最晚时间点。另见"最早完成日期""最早开始日期""最晚完成日期""进度网络分析"。

Lead 提前量：紧后活动相对于紧前活动的提早时间量。另见"滞后量"。

Lessons Learned 经验教训：项目过程中获得的知识，表明为了提高未来绩效，如何处理或应该如何处理项目事件。

Level of Effort 支持型活动：不产生最终产品的活动，通过花费的时间来度量。

Leveling 平衡：另见"资源平衡"。

Logic 逻辑：另见"网络逻辑"。

Logic Diagram 逻辑图：另见"项目进度逻辑图"。

Logical Relationship 逻辑关系：两个活动之间或一个活动和一个里程碑之间的依赖关系。另见"完成—完成""完成—开始""开始—完成""开始—开始"。

Master Schedule 总进度：一个汇总级项目进度计划，定义了主要可交付成果、工作分解结构组件和关键进度里程碑。另见"里程碑进度计划"。

Methodology 方法论：一个学科内使用的，由实践、技术、流程和规则组合而成的体系。

Milestone 里程碑：项目、项目集或项目组合中的重要的时间点或事件。

Milestone Schedule 里程碑进度：一种进度计划，只列明主要进度里程碑及其计划日期。

Most Likely Duration 最可能持续时间：考虑到所有可能影响绩效的不确定因素后，进度活动最可能的活动持续时间。另见"乐观持续时间"和"悲观持续时间"。

Near-Critical Path 次关键路径：只有很少浮动时间的进度活动序列，如果浮动时间消耗完，则该活动序列成为项目的关键路径序列。另见"关键路径""自由浮动时间""总浮动时间"。

Network 网络：另见"项目进度网络图"。

Network Analysis 网络分析：另见"进度网络分析"。

Network Logic 网络逻辑：组成项目进度网络图的所有进度活动依赖关系的集合。另见"最早完成日期""最早开始日期""最晚完成日期""最晚开始日期""网络路径"。

Node 节点：进度网络图上逻辑依赖线连接的点。另见"紧前关系绘图法"。

Nonwork Period 非工作时间：定义某个日期或某个日期中的一段时间为不进行工作的时间，包括特定节假日。

Open End 开口活动：没有紧前活动或紧后活动，或者两者都没有的活动。

Optimistic Duration 乐观持续时间：考虑到所有可能影响绩效的不确定因素后，进度活动最短的持续时间。另见"最可能持续时间"和"悲观持续时间"。

Organization 组织：一群人为了一些目的聚在一起，或者共同执行企业内某些类型的工作。

Original Duration 初始持续时间：一个和汇报活动进度不相一致的、初始分配给该进度活动上的活动持续时间。通常在汇报活动进度时用来和实际持续时间及剩余持续时间进行比较。

Output 输出：一个过程产生的产品、成果或服务。可能是一个紧后过程的输入。

Product 产品：生产的可量化的工件，可能是自成一体的，或者是整体的一个组成部分，也称"材料"和"货物"，与"成果"及"服务"相对应。另见"可交付成果"。

Product Backlog 产品待办事项列表：团队围绕某产品维护的以用户为中心的需求的有序列表。

Progress Override 当前进度覆盖：忽略逻辑关系的进度计算，即使紧前活动的逻辑关系没有得到满足，仍然允许已经开展的活动继续进行。

Progressive Elaboration 渐进明细：随着项目向前发展，更多详细和具体的信息使得项目管理计划中更精确的估算成为可能。

Project 项目：项目是为创造独特的产品、服务或成果而进行的临时性工作。

Project Actual Duration 项目实际持续时间：对于正在进行中的项目，项目实际开始日期到进度模型实例的数据日期之间的总工作时间；对于已完成的项目，则是项目实际完成日期与实际开始日期之间的总工作时间。另见"实际持续时间"。

Project Actual Finish Date 项目实际完成日期：项目进度中最后一个活动的实际完成日期。另见"实际完成日期"。

Project Actual Start Date 项目实际开始日期：项目进度中最早的一个活动的实际开始日期。另见"实际开始日期"。

Project Begin Date 项目开工日期：另见"项目开始日期"。

Project Calendar 项目日历：为项目进度活动定义了工作日或轮班班次的日历。

Project Completion Date 项目完工日期：另见"项目结束日期"。

Project Critical Path 项目关键路径：从项目开始日期或当前项目数据日期开始，到项目完成日期之间的最长的进度网络路径。另见"关键路径"。

Project Current Finish Date 项目当前完成日期：另见"当前完成日期""项目基准完成日期""项目进度完成日期"。

Project Current Start Date 项目当前开始日期：另见"当前开始日期""项目基准开始日期""项目进度开始日期"。

Project Description 项目描述：对项目范围进行简要的、文档化的描述。

Percent Complete（PC or PCT）完成百分比：对一个活动或一个工作分解结构组件已经完成的工作的估算，用百分数表示。

Pessimistic Duration 悲观持续时间：考虑到所有可能影响绩效的不确定因素后，进度活动最长的持续时间。另见"最可能持续时间"和"乐观持续时间"。

Phase 阶段：另见"项目阶段"。

Physical Work Progress 实际工作进展：项目或任务实际完成的工作量。

Planned Duration 计划持续时间：另见"活动初始持续时间"和"项目初始持续时间"。

Planned Finish Date（PF）计划完成日期：另见"进度完成日期"。

Planned Start Date（PS）计划开始日期：另见"进度开始日期"。

Planned Value（PV）计划价值：预先批准分配给进度工作的货币价值。另见"实际成本""完工预算""挣值""完工估算""完工尚需估算"。

Practice 实践：一种特定类型的专业或管理活动，可以为进程的执行提供帮助，并且可以使用一种或多种工具或技术。

Precedence Diagramming Method（PDM）紧前关系绘图法：一种创建进度模型的技术，用节点表示进度活动，用一个或多个代表逻辑关系的图形将节点相连接，用以表示活动执行的顺序。另见"节点"和"项目进度网络图"。

Precedence Relationship 紧前关系：在紧前关系绘图法中使用的表示逻辑关系的一个术语。另见"逻辑关系"。

Predecessor Activity 紧前活动：一个决定了逻辑上的紧后活动可以开始或结束的进度活动。另见"紧后活动"和"汇总活动"。

Presentation 视图：进度模型实例的一个输出，陈述了沟通计划中需要的基于时间的信息，包括带有计划日期、持续时间、里程碑日期和资源分配等信息的活动。

Procedure 流程：一系列步骤以有规律的、确定的顺序进行，确保达成目标。

Process 过程：进行一系列相互关联的行动和活动，以完成一组具体的产品、成果或服务。

Project Duration 项目持续时间：从项目最早开始日期到项目最早完成日期。另见"持续时间（DU 或 DUR）"。

Project Duration Percent Complete 项目持续时间完成百分比：对于正在进行中的项目，项目实际持续时间占整个项目总持续时间的比值，用百分数表示。

Project Early Finish Date 项目最早完成日期：项目最后一个进度活动的最早可能完成日期。另见"最早完成日期"。

Project Early Start Date 项目最早开始日期：项目第一个进度活动的最早可能开始日期。另见"最早开始日期"。

Project End Date 项目结束日期：由进度网络分析得到的或由项目完成约束条件决定的项目最晚完成日期，也称"项目完成日期"。

Project Finish Constraint 项目完成约束条件：加在项目最晚完成日期上的表示要求项目在何时完成的限制或制约条件，通常以一个固定日期的形式出现。

Project Finish Date 项目完成日期：项目最后一个进度活动的完成日期。通常与下列修饰词之一相连：实际、基准、当前、最早、预计、最晚、强制、初始、进度或目标。另见"完成日期"。

Project Identifier 项目标识：为每个项目分配一个简短且唯一的数字或文本标识，用于将特定项目和项目集中的其他项目区分开来。

Project Late Finish Date 项目最晚完成日期：项目中最后一个进度活动的最晚可能完成日期。

Project Late Start Date 项目最晚开始日期：项目中第一个进度活动的最晚可能开始日期。

Project Management Plan 项目管理计划：描述项目将如何执行、监督和控制的文档。

Project Management Team 项目管理团队：直接参与项目管理活动的项目团队成员。在一些小项目中，理论上项目管理团队可能包括所有项目团队成员。

Project Manager 项目经理：由组织委派，领导团队实现项目目标的个人。

Project Name 项目名称：每个项目都要有一个名称或标签，与项目标识一起使用，用于将特定项目和项目集中的其他项目区分开来，也称"项目标题"。

Project Phase 项目阶段：一组逻辑上相关联的项目活动，通常以完成一个或多个主要可交付成果为界限。

Project Physical Percent Complete 项目实际完成百分比：用工作实际进展来衡量项目中已经完成的工作量，用百分数表示。

Project Planned Finish Date 项目计划完成日期：另见"项目进度完成日期"。

Project Planned Start Date 项目计划开始日期：另见"项目进度开始日期"。

Project Remaining Duration 项目剩余持续时间：对于至少有一个活动实际开始日期的项目而言，就是进度模型的数据日期和项目最早完成日期之间的日历单位总数。也就是说，对于已经开始的工作还需要多少时间来完成项目。另见"剩余持续时间"。

Project Resource-Leveled Finish Date 资源平衡的项目完成日期：在有资源限制的进度计划中最后一个进度活动的完成日期。

Project Resource-Leveled Start Date 资源平衡的项目开始日期：在有资源限制的进度计划中第一个进度活动的开始日期。

Project Schedule 项目进度：进度模型的输出，将活动与计划日期、持续时间、里程碑日期和资源分配等信息相关联。

Project Schedule Management 项目进度管理：项目进度管理包括管理项目按时完成所需的过程。

Project Scheduled Finish Date 项目进度完成日期：另见"当前完成日期"和"进度完成日期"。

Project Scheduled Start Date 项目进度开始日期：另见"当前开始日期"和"进度开始日期"。

Project Scope 项目范围：为交付具有特定功能和性能的产品、服务或成果而开展的工作。

Project Scope Statement 项目范围说明书：对项目范围、主要可交付成果、假设和约束条件的描述。

Project Sponsor 项目发起人：另见"发起人"。

Project Stakeholder 项目干系人：另见"干系人"。

Project Start Constraint 项目开始约束条件：对项目最早开始日期的限制或约束，影响项目何时开始，通常以一个固定的强制日期的形式出现。

Project Start Date：项目开始日期：项目中第一个进度活动的开始日期。通常与以下修饰词之一相连：实际、基准、当前、最早、预计、最晚、强制、初始、计划或目标。另见"开始日期"。

Project Team 项目团队：项目团队的所有成员，包括项目管理团队、项目经理，在一些项目中，甚至包括项目发起人。

Project Team Members 项目团队成员：直接或间接向项目经理汇报的人，负责执行项目工作，作为其日常工作一部分。

Project Time Management 项目时间管理：另见"项目进度管理"。

Project Title 项目标题：另见"项目名称"。

Project Total Duration 项目总持续时间：完成一个项目需要的日历单位总数。对于一个正在进行中的项目而言，它包括了项目实际持续时间和项目剩余持续时间。

Project Work 项目工作：另见"工作"。

Relationship Line 关系线：项目进度网络图上从一个进度活动画到另一个或多个其他进度活动上的逻辑关系线，用线条起点和终点的相对位置表示不同类型的逻辑关系。

Remaining Duration（RD）剩余持续时间：以日历单位表示的活动相关工作需要的时间。如果是一个尚未开始的活动，那么剩余持续时间等于这个活动的初始持续时间；如果是一个已经开始的活动，那么剩余持续时间就等于项目进度计划运行的数据日期与进度活动完成日期之间的差值。这个数字表示了正在进行中的项目活动还需要多少时间来完成。另见"活动剩余时间"和"项目剩余时间"。

Requirement 需求：系统、产品、服务、成果或组件需要满足或拥有的条件或能力，以满足合同、标准、规范或其他正式规定的文件。

Resource 资源：具有某个专项技能的人力资源（个人或团队）、设备、服务、供应、商品、预算和基金等。

Resource Assignment 资源分配：将一个或多个资源与一个进度活动相关联，并定义完成进度活动工作需要每个资源投入的时间数。

Resource Attributes 资源属性：可以在资源库中包括的众多和每个独一无二的资源关联的属性，如资源标识、资源名称、资源类型、资源可用性、资源单价、资源编码、约束条件和假设。

Resource Availability 资源可用性：根据恰当的资源日历，可以在项目中使用指定资源的日期和时间总数。

Resource Calendar 资源日历：定义了每个特定资源可用的时间段和轮班班次的日历。

Resource-Constrained Schedule 资源约束型进度：另见"资源限制型进度"。

Resource Dictionary 资源字典：另见"资源库"。

Resource Identifier 资源标识：为了区别这个资源和那个资源，给每个资源分配一个简短且唯一的数字或文本标识。

Resource Lag 资源滞后量：在活动开始日期之后，资源在计划活动开始工作之前等待的日历单位数。

Resource Leveling 资源平衡：一种资源优化技术，对项目进度进行调整以优化资源配置，这种技术可能影响关键路径。

Resource Library 资源库：一个书面的、囊括了所有可以为项目活动进行分配的资源（及资源属性）的完整表格。也称"资源字典"。

Resource-Limited Schedule 资源限制型进度：一个项目进度的进度活动、进度开始日期和进度完成日期一起共同决定了对资源的需求数量，也称"资源约束型进度"。另见"资源平衡"。

Resource Name 资源名称：用与资源标识相连的短语或标签表示每个资源，用来区分这个资源和那个资源，如类型、角色或个人。

Resource Rate 资源单价：为特定资源设置的单位价格，包括可以预见的价格提升。

Resource Type 资源类型：根据资源的技能、能力或其他属性对资源进行唯一性区分。

Result 结果：执行项目管理过程和活动得到的输出。与"产品"和"服务"相对应。另见"可交付成果"。

Retained Logic 保留逻辑：一种进度计算方法，要求在所有紧前活动的逻辑关系得到满足之前，失序活动一个都不能恢复。

Role 角色：由一个项目团队成员来执行的预先定义的一个职能，如测试、文件归档、检查或编码等。

Rolling Wave Planning 滚动式规划：一种迭代规划技术，其中，对近期要完成的工作进行了详细的规划，而对未来的工作则进行相对高层次的规划。

Schedule 进度：另见"项目进度"和"进度模型"。

Schedule Activity 进度活动：项目过程中执行工作的具体进度组件。另见"活动"。

Schedule Analysis 进度分析：另见"进度网络分析"。

Schedule Baseline 进度基准：进度模型的批准版本，可以使用正式的变更控制程序进行更改，并用作与实际结果比较的基础。另见"基准"和"绩效度量基准"。

Scheduled Finish Date 进度完成日期：进度活动完成的时间点，也称计划完成日期。另见"活动计划完成日期""当前完成日期""项目计划完成日期"。

Scheduled Start Date：进度开始日期：进度活动开始的时间点，也称计划开始日期。另见"活动计划开始日期""当前开始日期""项目计划开始日期"。

Schedule Level 进度级别：项目组定义的不同进度模型中进度活动的不同颗粒度规则。

Schedule Milestone 进度里程碑：项目进度中的重要事件，如一个限制将来活动的事件或标志一个主要可交付成果完成的事件，也称里程碑事件。另见"里程碑"。

Schedule Model 进度模型：用于执行项目活动的计划的表现形式，包括持续时间、依赖关系和其他项目规划信息，用于生成项目进度计划及其他进度工件。另见"进度模型分析"。

Schedule Model Analysis 进度模型分析：对进度模型进行分析或研究的过程，用来对进度模型进行优化。另见"进度模型"。

Schedule Model Instance 进度模型实例：使用进度计划编制工具对进度模型处理后得到的版本，进度计划编制工具基于项目的具体数据输入做出调整（完成更新周期），保存结果并用于记录和参考，如数据日期版本、目标进度模型和进度模型基准等。

Schedule Network Analysis 进度网络分析：识别项目未完成部分的进度活动的最早开始日期和最晚开始日期，以及最早完成日期和最晚完成日期。另见"最早完成日期""最早开始日期""最晚完成日期""最晚开始日期"。

Schedule Performance Index（SPI）进度绩效指数：项目效率的一种衡量方法，通过挣值（EV）和计划价值（PV）对比来表示。另见"成本绩效指数（CPI）"。

Schedule Variance（SV）进度偏差： 项目进度绩效的一种衡量方法，通过挣值（EV）和计划价值（PV）之间的代数差来表示。另见"成本偏差（CV）"。

Scheduling Approach 进度方法： 项目进度管理专员使用的一套实践方法、技术、步骤和规则。使用这种方法时可以手动进行，也可以使用进度计划专用项目管理软件进行。

Scheduling Tool 进度计划编制工具： 为进度组件提供名称、定义、结构关系、格式和算法的工具，用于支持进度方法的应用。

Scope 范围： 一个项目所交付的产品、服务和成果的总和。另见"项目范围"和"产品范围"。

Scrum： 一种复杂产品开发与维护的敏捷框架，由特定的角色、事件和工件等元素组成。

Sequence Activities 活动序列： 识别并记录项目活动之间相互关系的过程。

Service 服务： 不产生有形的产品或成果，但是有意义的工作，如实施任何支持性生产或配送。与"产品"和"结果"相对应。另见"可交付成果"。

Slack 时差： 另见"总浮动时间"和"自由浮动时间"。

Specified Critical Path 特定关键路径： 项目团队成员指定的进度网络路径中进度活动的最长序列。另见"关键路径"。

Sponsor 发起人： 为项目、项目集或项目组合提供资源和支持的个人或团体，并为成功保驾护航。另见"干系人"。

Stakeholder 干系人： 能影响项目、项目集或项目组合的决策、活动或结果的个人、小组或组织，以及会受或自认为会受它们的决策、活动或结果影响的个人、小组或组织。

Start Date 开始日期： 与进度活动开始相关的日期。通常与下列修饰词之一相连：实际、基准、当前、最早、预计、最晚、强制、初始、计划或目标。另见"项目开始日期"。

Start Not Earlier Than 不早于某日开始： 一个加在进度活动上的日期约束条件，通常以一个固定强制日期的形式出现，对进度活动的进度安排产生影响。

Start Not Later Than 不晚于某日开始： 一个加在进度活动上的日期约束条件，通常以一个固定强制日期的形式出现，对进度活动的进度安排产生影响。

Start On 开始于：一个加在进度活动上的日期约束条件，影响安排进度活动的时间，通常以一个固定强制日期的形式出现。

Start-to-Finish 开始—完成：一种表示紧后活动必须在紧前活动完成之后才可以开始的逻辑关系。另见"完成—完成""完成—开始""开始—开始""逻辑关系"。

Start-to-Start 开始—开始：一种表示紧后活动必须在紧前活动开始之后才可以开始的逻辑关系。另见"完成—完成""完成—开始""开始—完成""逻辑关系"。

Statement of Work（SOW）工作说明书：产品、服务或成果的文字性描述。

Status Date 状态日期：状态数据汇报的术语，根据不同品牌的项目管理软件提供的进度计划编制工具，叫法会有不同。在一些系统中，状态日期包括过去的时间，而在另一些系统中，状态日期属于将来时间。另见"数据日期"或"现在日期"。

Subnetwork 子网络：项目进度网络图中的一部分（子网），通常表示一个子项目或一个工作包。另见"汇总活动"。

Subphase 子阶段：阶段的一部分。

Subproject 子项目：当把一个项目细分成更多可管理的组件或部分时，得到的整体项目的一部分。另见"汇总活动"。

Successor 紧后：另见"紧后活动"。

Successor Activity 紧后活动：根据逻辑关系，跟随在紧前活动之后的进度活动。另见"紧前活动"和"汇总活动"。

Summary Activity 汇总活动：进度模型中用一个活动代表一组有共同属性的活动。另见"紧前活动"和"紧后活动"。

System 系统：为实现特定的目标而创建的一组定期相互作用或相互依存的组件。将这些组件结合在一起进行生产或运作，优于单个组件。

Target Schedule 目标进度：进度网络分析时用来进行比较的进度计划，可以和基准进度不同。另见"基准"。

Task 任务：工作的一种说法，其含义和在项目工作结构化计划中的使用，会根据应用领域、行

术语表

业和项目管理软件品牌的不同而有所不同。

Team Members 团队成员：另见"项目组成员"。

Technique 技术：人力资源生产产品或成果或提供服务时使用的经系统化定义的流程，可能包括一个或多个工具的使用。

Template 模板：一种预定义格式的部分完整文档，为收集、组织和呈现信息和数据提供了事先定义的结构。

Three-Point Estimate 三点估算：当单个活动存在不确定性时，使用乐观、悲观和最有可能的平均或加权平均来估算活动的成本或持续时间的一种技术。

Time Now Date 现在日期：另见"数据日期"。

Timescale 时间轴：线性时间的分级标记，以特定单位展示时间，如小时、天、周、月、季或年。时间轴可以表示多个时间单位。在文档或电子图形中，通常显示在数据组件的上面或下面。

Tool 工具：用来生产产品或成果的有形物件，如模板或软件程序。

Total Duration 总持续时间：另见"活动总持续时间"和"项目总持续时间"。

Total Float（TF）总浮动时间：在不推迟项目完成日期或不违反进度约束的情况下，进度活动可以从其最早开始日期推迟或延后的时间量。另见"自由浮动时间""关键路径""次关键路径"。

Unit of Measure 衡量单位：指定一个用于衡量数量的类型，如工时、立方码或代码行。

User 用户：将要使用项目产品或服务的人或组织。另见"客户"。

Variance 偏差：和已知基准或预计值之间的量化差异、偏离或不一致。

Variance Threshold 偏差临界值：在计划过程中确定的正常产出范围，即在执行过程中对团队操作管理设置了边界。

Virtual Open Ends 假性开口活动：当缺少适当的逻辑关系或报告某个活动的进展导致该活动不再具有任何驱动关系时，可能发生的一种情况。看上去它好像没有紧前活动或紧后活动。

Work 工作：为克服障碍和达成目标而进行的精神投入、体力投入或技能运用。

Workaround 权变措施：对已经发生的负面风险进行应对。

Work Breakdown Structure（WBS）工作分解结构：项目团队为实现项目目标、生成可交付成果，将需要实施的全部工作进行结构化分解。

Work Breakdown Structure Component 工作分解结构组件：工作分解结构任意层次上的任何要素。

Work Breakdown Structure Identifier（WBS ID）WBS 标识：分配给每个 WBS 元素或组件的一种简短且唯一的数字或文本标识，以区分项目中某个特定的 WBS 元素和其他 WBS 元素。

Work Package 工作包：工作分解结构最低层次的工作，针对这些工作来估算并管理成本和持续时间。

Work Period 工作时段：定义一段时间为工作时间，还可以进一步将日历划分为更小的单位，如轮班班次、小时，甚至分钟。

索引

A

活动实际成本，98，172
活动实际持续时间，98，172
活动实际完成日期，98，172
活动实际开始日期，99，172
活动日历，99，173
活动编码，99，173
活动成本类别，100，173
活动成本估算，100，173
活动累积风险概率分布，100
活动描述，173
活动持续时间，173
活动持续时间完成百分比，173
活动最早完成日期，101，173
活动最早开始日期，101，173
活动投入，101，173
活动标识，102，173
活动标签，102，173
活动最晚完成日期，102，173
活动最晚开始日期，102，174
活动清单，174
活动最可能持续时间，103，174
活动注释，103，174

活动乐观持续时间，104，174
活动初始持续时间，174
活动悲观持续时间，104，174
活动实际完成百分比，104，174
活动剩余持续时间，105，174
资源平衡的活动完成日期，105，175
资源平衡的活动开始日期，106，175
活动资源剩余数量，106
活动资源总数，106
活动风险关键指数，106，175
活动范围定义，107，175
活动进度完成日期，175
活动进度开始日期，175
活动开始日期，175
活动总持续时间，107，175
活动类型，175
实际成本，175
实际持续时间，62，74，120，175
实际持续时间完成百分比，175
实际完成日期，121，176
实际开始日期，121，176
实际时间，86，88，107
适应型生命周期，11，12，21-23，33

敏捷，12，31-37，176
资源分配，64
分析，62-64，83
批准，176
箭头，176
尽可能晚，108
评估，5，7，47
尽可能快，108
假设，176
自动，56

B

待办事项列表，35-37，52-53，184
逆推，176
横道图，176
基准，55，67-69，176
基准日期，176
进度模型基准，108
预算，177
完工预算，109，177
燃尽图，38-41，177
燃起图，42

C

计算，94
日历，49-50，59，177
日历单位，177
变更控制，53，70，177
变更标识，109，177
沟通，43，69-70，88-91
组件，1，93-106，177
约束条件，94
控制，177
控制账户标识，109，177

控制账户管理员，110，177
核心必要组件，93-94，96，18-141
纠正措施，177
成本，172，175，178
成本基准，178
成本绩效指数，110，178
成本类型，178
成本偏差，110，178
成本偏差百分比，111
赶工，64，178
关键路径法，1，71
当前完成日期，178
当前开始日期，179
客户，43，90，179

D

数据日期，111，179
日期，179
分解，3，179
定义活动，179
完成的定义，179
依赖，36-37
制订进度计划，179
学科，179
文档，179
驱动型资源，112，179
持续时间，179

E

最早完成日期，101，122，180
最早开始日期，101，122，180
挣得进度，112，180
挣得进度管理，85-88
挣值，112，180

挣值管理，46，52-53，85-86，93
挣值技术，180
挣值权重，113
投入量，180
估算，180
估算活动持续时间，180
估算活动资源，180
完工估算，113，180
完工尚需估算，114，180
活动期望完成时间 115，180

F
快速跟进，64，181，
完成日期，181
不早于某日完成，115，181
不晚于某日完成，116，181
完成于，116，181
完成—完成关系，57-58，79-80
完成—开始关系，59-61，79-80
浮动值，63，181，192
预测，181
正推，181
自由浮动，63，72-74，73，117，181

G
词汇表，171-193
图形，25，65-66，181

H
悬空活动，58，117，181
人力资源，2，52
混合生命周期，13

I
强制日期，181

增量型生命周期，11
输入，181
聚集，182
库存，81-82
迭代待办事项列表，182
迭代型生命周期，11
迭代型规划，23

J
准时制库存，81-82

K
看板，32-33，35-37，182
看板面板，182
看板方法，182
关键绩效，52-53

L
滞后量，59，81-82，118，182
最晚完成日期，102，123，182
最晚开始日期，102，213，182
提前量，81-82，118，182
精益进度，26
经验教训，182
支持型活动，57-58，118，182
平衡线图，27
基于位置的进度，25，51
逻辑关系，2-3，29，77-82，182
基于逻辑的网络，17

M
维护，50，67-70
必须完成日期，119
必须开始日期，119
主进度，26，53，183

合并点，72-73
方法论，46-47，60，183
里程碑，2-3，51，55，59-60，63-64，119，183
里程碑进度，183
监控，41，73-74
蒙特卡洛模拟，83-85
最可能持续时间，74，183

N
网络图，14-18
网络逻辑，183
节点，183
非工作时间段，183
不计分组件，96

O
按需进度，26
开口活动，61
尾部开放，183
开口活动，77-79
乐观持续时间，74-75，183
可选组件，96，138-141
组织，25-27，46-47，49-50，183
初始持续时间，183
失序逻辑，79-81
输出，62-64，183

P
完成百分比，183
悲观持续时间，74-75，184
阶段进度，26
实际完成百分比，104，124
实际工作进展，184
计划价值，86-88，184

计划工作进展，184
政策，46
实践，184
紧前关系绘图法，14，184
紧前关系，184
紧前活动，184
预测型生命周期，10-11，13
视图，17，184
资源价格，128
可能性进度模型，62，85
可能风险分布，120
流程，53，184
过程，8，15-16，46，71，140-141，184
产品，184
产品待办事项列表，33，184
产品设计，21
产品愿景，43
计划评审技术，13
渐进明细，185
项目，185
项目实际持续时间，120，185
项目实际完成日期，121，185
项目实际开始日期，121，185
项目日历，121，185
项目成本类型 121
项目关键路径，185
项目描述，122，185
项目持续时间，185
项目持续时间完成百分比，122，185
项目最早完成时间，122，185
项目最早开始时间，122，185
项目结束日期，185
项目完成约束条件，123，186

索引

项目完成日期，186
项目标识，186
项目最晚完成日期，123，186
项目最晚开始日期，123，186
项目管理计划，186
项目管理团队，186
项目经理，186
项目名称，124，186
项目阶段，186
项目实际完成百分比，124，186
项目剩余持续时间，124，186
项目实际资源数量，125
资源平衡的项目完成日期，125，186
资源平衡的项目开始日期，125，186
项目剩余资源数量，126
项目进度，187
项目进度管理，187
项目范围，187
项目范围说明书，187
项目开始约束条件，126，187
项目开始日期，187
项目团队，187
项目团队成员，187
项目总持续时间，126，87

R
记录，70
关系，82，188
发布计划，43
剩余持续时间，188
报告，67，87-90
需求，26-27，32-33，37，54，139-140，188
资源，18-19，188

资源分配，126，188
资源可用性，127，188
资源日历，127，188
资源描述，127
资源标识，127，188
资源滞后量，128，188
资源平衡，188
资源库/字典，127，189
资源限制的进度，189
资源名称，189
资源价格，128，189
资源需要组件，96，138-141
资源类型，128，189
结果，189
保留逻辑，80-81，189
风险标识，129
风险需要组件，93-94，96，138-141
角色，189
滚动式规划，23-24，189

S
进度活动，189
进度基准，189
进度完成日期，189
进度开始日期，189
进度水平，65-66，190
进度管理，190
进度里程碑，190
进度模型，2，94，190
进度模型分析，71-88，190
进度模型编制，63-66
进度模型实例，190
进度模型水平，130

进度模型维护，67-70
进度模型试图，130
进度网络分析，190
进度绩效指数，131，190
基于时间的进度绩效指数，131
进度偏差，131，190
进度偏差百分比，132
基于时间的进度偏差，132
进度方法，190
进度组件，93-136
进度工具，3，190
范围，21，190
Scrum，32-37，190
活动序列，59-31，190
服务，191
仿真，83-85
下滑，68
软件，28，49，51，56
特定关键路径，191
发起人，191
Sprints，32-34，38-41
干系人，191
开始日期，191
不早于某日开始，131，191
不晚于某日开始，131，191
开始于，133，191
开始—完成，133，191，82
开始—开始，133，191，57-61，79-80，133
状态日期，191
故事点，39-42
子网络，191
子阶段，191
子项目，191

紧后活动，192
汇总活动，56-57，83，134
系统，191

T
目标进度，31，192
目标进度模型，134
任务，192
任务执行，19，39-42
技术，192
技术驱动的依赖，36
模板，192
三点估算，192
阈值，83
时间轴，192
完工尚需绩效指数，134
基于进度的完工尚需绩效指数，135
工具，192
总持续时间，107，126
总浮动，63，72-74，135，192
培训，46

U
衡量单位，135，193
更新周期，50-51，69
用户，193

V
价值，180，184
偏差，136，193
偏差临界值，193
速率，42-43
虚拟开口活动，78-79，193
可视化，27，54

索引

W

权重，113

工作，193

权变措施，193

工作分解结构，193

工作包，193

工作时间段，193